ちくま新書

なぜ人は自分を責めてしまうのか

信田さよ子
Nobuta Sayoko

1845

本書は、原宿カウンセリングセンターのオンラインセミナー「信田さよ子公開講座」の内容を文字に起こし、加筆・修正したものです。

●第1章　「母が重くてたまらない」から〝12年〟（2020年7月8日）
●第2章　共依存を読み解く——愛情という名の支配（2020年10月14日）
●第3章　親子関係を考える①——母への罪悪感はなぜ生じるのか？（2021年1月20日）
●第4章　親子関係を考える②——世代間連鎖を防ぐ逆算の育児論（2021年2月17日）
●第5章　罪悪感と自責感——自分を責めるということ（2024年5月29日）

なぜ人は自分を責めてしまうのか【目次】

まえがき

2020年の春、パンデミックが日本を襲った。

ちょうど同じ時期、1995年に開設し25年を迎える原宿カウンセリングセンターは、原宿の明治通り近くのオフィスから、北参道の新しいオフィスに移転したばかりだった。

小池都知事は、コロナウイルスの感染防止のためにこう訴えた。

「三密回避でステイホーム！」

密閉・密集・密接を避けて自宅にいること、これを聞いた私は「カウンセリングはアウトだ」と思った。

それほど広くもない部屋で、ふたりきりになることがカウンセリングでは必須だ。グループカウンセリングも、ミーティングルームで10人近くが2時間をともに過ごすのだ。三密なくしてカウンセリングは成り立たない。

緊急事態宣言発出に至っては、不要不急の外出を控えるように言われ、罰則はなかったものの、時の首相が自室で優雅に紅茶を飲む姿をメディアで流し、在宅のモデルを示した。

日本中、いや世界中のひとたちが未経験の事態に混乱し先の見えない不安に襲われていたはずだが、私も例外ではなく「ひょっとしたらカウンセリングは終わりではないか」という悲観論で頭がいっぱいになっていた。

そんな私が少し希望を抱けるようになったのは、原宿カウンセリングセンターのスタッフ全員が総力を挙げて、カウンセリングのオンライン化に取り組みはじめたからだ。あれよあれよというまに、さまざまな契約や手順なども含めて、ゴールデンウイーク明けには、オンラインによるカウンセリングが可能になる基礎がちゃんとできあがっていた。

古希を過ぎた私にはとうてい無理な作業だったので、心からの感謝とともに、彼女たちが頼もしく思えたものだ。

あれから約5年。マスクなしでは外出もできず、電車の中では座席をひとつ空けて座ったあの時間が、まるでなかったかのように、遠い昔のように思えるのが不思議なほどだ。

こんなコロナ禍の苦労話から始めたのは、本書のもとになっている「信田さよ子公開講座」が出発した原点がそこにあるからだ。

「オンラインの講座を始めませんか」

センターの主任であり本講座の企画や実践の柱を担ってきた中野葉子が、GW前に真剣な顔で私に提案した。私は、即座にOKした。

じつはオフィスが移転するかなり前から、オンラインの講座を配信したらどうかという話をふたりでしていたのだが、そのときはまだオフィスの移転もパンデミックも想像すらしていなかった。いつかそんなときが来るかもしれないと考えていただけだった。

2020年、私のOKは切迫感に満ちていたと思う。

コロナ禍であっても、新たにカウンセリングに来るひとはいたし、そのまま通い続けるひともいた。しかし感染状況によってはどうなるかわからない。部屋の窓を10センチ開けて換気扇を回しながら、マスク姿でカウンセリングを実施する。そんな現状に不安を抱えていた。

でも、オンラインという方法をとおして定期的に講座を開けば、日本中の多くのひとたちとつながれるかもしれない。私の本を読んでいないひとも、スマホで私の講座を視聴してくれるかもしれない。

そんな可能性に賭けてみようと思ったのである。

2025年、SNS上にはおびただしい数のオンライン講座の宣伝やら告知が溢れている。2020年当時オンラインに抵抗を示していた学会や学術団体、職能団体も、今ではほとんどオンライン実施が中心となっている。でも2020年の5月という時期に、まっ先にオンライン講座を開始した団体は少なかった。

これまでの私の行動パターンは、綿密に準備を重ねてから開始するというよりも、とにかく始めること、そして実践しながら考え、修正し、つくっていくのが常だった。

単に準備するのが苦手だけかもしれないが。

公開講座も、とにかく始めてみた。

そうしたらじつに面白く、手ごたえがあった。テーマも自由だったし、話す内容も自由だった。PCの画面越しに多くのみなさんの顔が見れるし、生の感想をチャットですぐに読むことができる。こんなライブ感あふれる講座ができるなんて……とすっかり乗り気になってしまったのだ。

そして、5年も継続することができた。今では、リピーターも多く、多様なニューカマーの方もいる。

特徴は、公認心理師や臨床心理士といった同業者だけではなく、クライエントのみなさん、自助グループのみなさん、そして私の本の読者、Xのフォロワーといった多様な層が参加して下さっている点だ。

しばしば心理職関連のオンライン講座は、同業者向けの研修を主たる目的にしているが、当初から私が念頭に置いていたのは、家族の問題、母との関係、配偶者との関係などに困っているひとたちだった。いわゆる専門家ではなく、困っているひとたち

（当事者）に向けて私は話をしてきたといえる。

これまでのテーマを列挙すると「こんなにたくさん話してきたのか」と驚いてしまうが、その都度私が話したいこと、届けたいことをテーマにしてきただけだ。

本書は、その中でも反響の大きかったものを選んでいる。タイトルにもなっている「自分を責める」ことについては、ずっと私の中で隠れたテーマだった。さまざまな角度から、それについて考える内容になっているが、今後も講座は続く予定なので、さらに深めていければと考えている。

できるだけ話し言葉の口調を残すようにしたが、やはり文字にすると論旨の整合性のために文体を変えざるを得ない点も多かった。かなりシリアスな内容が、わかりやすい文体で書かれた一冊になったのではないかと思っている。

多くのみなさんに届きますように。

第1章 母はまだ重い

信田と申します、よろしくお願いします。

コロナの影響を受けて、オンラインで発信してみようということになりまして、真っ先に私がお話ししたかったのは、「母と娘の問題」でした。

もしみなさんがすでにお読みになっているのであれば、『母が重くてたまらない』という本を念頭に置いて、今日のお話を聞いていただけたらと思います。

1 「母と娘」の時代の幕開け

『母が重くてたまらない』は、２００８年の5月に出た本なんですね。本が出て1週間ぐらいして、ＮＨＫ出版から著者謹呈として一冊の本が送られてきました。『母は娘の人生を支配する』というタイトルの本で、書いた人は、精神科医で知人の斎藤環さん。それを見た瞬間に「環さん、また私の真似をして！」と思ったんですけど、よくよく考えてみたら、同時期に「母と娘」について書いていたんだと

	年代	キーワード	できごと
第１期	1970 年代	フロイト批判	フェミニストたちによる論考
第２期	1996〜	アダルト・チルドレン	AC ブーム
第３期	2008〜	墓守娘	母娘問題の幕開け
第４期	2012〜	毒母	当事者本の相次ぐ出版
第５期	2020〜	母の老い	介護問題と母娘

母娘問題の流れ

わかって、なんて偶然なんだろうと思ったんです。

同じころ、詩人で絵本作家の佐野洋子さんが『シズコさん』（新潮社、２００８年）という本をお書きになりました。お母様の介護をかなり長い間されて、そのお母様が亡くなってはじめて書けるようになった。そういう本だったんですね。

どうしてこの時期に、「母と娘」を扱った本がこんなに出版されるんだろう。

私は時代的な背景や歴史的な根拠を考える癖がありますので、そういうふうに思ったんですね。

ここで、表を見てください。「母と娘の問題」についての流れです。誰がつくったのかと言えば、はい、信田が一から、つくった。私が考えて、こういうふうにまとめた。なので、先行する文献はありません。

というのは、母と娘の問題の扱われ方には特徴があるんです。それをちょっと復習してみます。

†精神分析のなかの女

臨床心理学を学ばれたことのある方はおわかりでしょうが、フロイトの精神分析は、父と息子がテーマでした。父と娘でもなく、母と娘でもなく、父と息子がテーマですね。

そこから導き出された「エディプス・コンプレックス」という言葉を基本として、フロイト流の発達とか、パーソナリティ（人格）の構造とか、エロスとタナトスとか、さまざまな理論が構築される。そのことが実は、この第1期と非常に関係が深い。第1期は1970年代の「フェミニストたちによる論考」です。これは、裏返すとフロイト批判だったんですね。「どうして精神分析に女の位置はないんだろうか」フェミニストたちは、こう言った。このことが、精神医学にも、文化にも、家族にも、ものすごく大きな影響をもたらしました。

どうして精神分析に
女の位置はないのか？

私も遠い昔、1960年代の後半、大学の哲学科で学んでいましたが、哲学者だけではなく、フロイトの著書も読んでいたんです。読むたびに、すごく違和感があったんです。私は息子じゃないし娘だし、「私はどこに行けばいいんだろう?」と。自分がフロイトの理論のどこに位置づくのか、よくわからない。せいぜい位置づいても「息子の母」でしかない。

のちに、同じころアメリカの心理学や精神医学において、多くの女性たちが、フロイト批判を行っていたということがわかったんですね。俵萌子さんと河野貴代美さんが翻訳されたナンシー・フライデーの『母と娘の関係――「母」の中のわたし、「わたし」の中の母』(講談社、1980年)という本がありまして、フェミニストによるフロイト批判を受けた母娘論が、とても明確に書かれた本です。

ただ、この本はですね、落としどころがはっきりしてるんです。「母も女性、娘も女性。同じ女性同士、共闘して手を結んでいこう」という。

私にはちょっと違和感があったんですけど、それが当時の限界だったかもしれません。

†フェミニスト・カウンセリング

1970年代のフェミニストたちの論考が、日本のフェミニスト・カウンセリングに繋がっていきます。

日本でフェミニスト・カウンセリングが開始されたのが1980年のことです。河野貴代美さんが、アメリカから自分の知見を持って帰国され、日本で「フェミニストセラピー・なかま」を立ち上げられました。河野さんはのちに、「セラピー」という言葉を「カウンセリング」に変えられました。

そこに来る女性たちの多くは、夫との関係だったり、女性としての生きづらさの問題を抱えていたりしたんですけど、その一部は「お母さんとの関係」だったのです。ですから、日本で最初に母との問題をキャッチしていたのがフェミニスト・カウンセリングだったんですね。この事実に、私は注目しなければいけないと思います。

†アダルト・チルドレン

それから時は下りまして。

第2期は、ＡＣ＝アダルト・チルドレン（Adult Children）の一種のブームが起きた１９９６年です。私には得意分野がいくつもありますけど、そのなかでも大きいのはこのＡＣです。

ＡＣという言葉はもともと、多くはお父さん、一部はお母さんですが、アルコール問題のある親のもとで育った人たちのことを指します。

その人たちが大人になってから抱える特有の生きづらさを、いまで言うと当事者として、自分はＡＣであるという自己認知する。これが、ＡＣという言葉のスタートだったんですね。

この言葉が日本に入ってきたのが、１９８９年の東京都精神医学総合研究所（当時）主催の「アルコール依存症と家族」という国際シンポジウムによってです。それに合わせて『私は親のようにならない』（クラウディア・ブラック著、斎藤学監訳、誠信書房）という翻訳本が出版されました。このように、アルコール問題にかかわっている人は、90年代の

1996年に起きたACブームの背景は？

初めにはACって言葉を知っていたのです。

もちろん私も例外ではなくて、90年ぐらいからACの人たちのカウンセリングを実施していました。精神科病院のアルコール専門病棟の医者やソーシャルワーカーたちから紹介されて、たくさんの方がカウンセリングにいらっしゃいました。

不思議だったのは、圧倒的に男性のほうが多かったことです。みなさん、意外に思われるかもしれません。

お父さんがアルコールで入院している。お母さんはお父さんの飲酒で振り回されて、子どもしか頼るものはいない。父だけでなくそういうお母さんも支えてきた息子たちが、90年代の初めにカウンセリングにたくさん訪れていたんです。

その人たちが、のちにACの自助グループをつくるきっかけになっていったりするわけです。カウンセリングに来た人たちについての記憶は鮮明で、何人も忘れられない男性のACの人たちがいます。そこで聞かされた話は、私の血となり肉となっています。

そのACがブームになったのが、96年なんですね。なぜこのときにACのブームが起きたかを話し出すと長いんで、ふたつだけ言いますと、ひとつは95年1月の阪神・淡路大震災。もうひとつは3月の地下鉄サリン事件。このふたつが大きいと思います。それから、その前年に、愛知県西尾市でいじめが原因で男子生徒が自殺する事件がありました。

このころ、社会における被害というものが一斉に噴き出してきたという気がします。

†被害という概念の広がり

物が壊されることだけを被害と言うんじゃないんですね。被害というのは、私たちの心や精神にも及ぶものです。

心的被害・精神的被害こそが、被害の本体である。それは、天災だけではなく、家族によっても生じる。このことが日本中に広がったのが、おそらく1995年、96年だったと思います。そうして、ACブームが起きたんじゃないかと私は想像していいます。私の初めての単著である『「アダルト・チルドレン」完全理解』(三五館)も、96年に出版されました。

ACというのはアカデミックな言葉ではありません。臨床心理学でもACの勉強なんかしませんし、共依存のことも勉強しません。依存症の世界で生まれた言葉は、あまりアカデミックな世界では扱われてきませんでした。

子どもは親の被害者だと初めて言ったのがAC

さきほどACとアルコールの関係を申し上げましたが、その後、ACとは、「現在の生きづらさが親との関係によると認めた人」と定義されます。このことは、今日のテーマと非常に大きくかかわってきます。

それまで親というのは、自分を産んでくれた人、それから自分を育ててくれた人、誰よりも自分をわかってくれてるはずの人であるとされてきました。これはとくに、母の愛の無謬性（その愛を疑ってはいけないということ）に支えられてきた。

それが日本の家族であり親子だったんですけど、それに対して初めてNOと言ったのがACです。

あと30年後、どなたかが日本の家族史をお書きになるときに、ぜひACという言葉を入れていただきたい。

親の愛には限界がある。親はときとして子どもを殺すことがある。

そして母は愛情という美しい言葉に包んで、子どもを自分の思いどおりに支配したり、自分の精神的なはけ口にしたり、自分の人生の生きがいを与える人に仕立て上げたり、いろんなことをしているのです。

「それはやっぱり被害だと言っていいんだよ」「子どもは親の被害者である」と初めて言ったのが、ACだったと私は考えています。これが第3期の「墓守娘」の『母が重くてたまらない』に繋がってきます。

†『母が重くてたまらない』へ

『「アダルト・チルドレン」完全理解』を出版してから、1996年のACブームを経験し、ずっと何年にもわたってACについて考えてきました。全国からACについての講演依頼があったので、それこそ各地を飛び回って話したりしました。中でも大きかったのは、95年からACの女性たちを対象としたグループカウンセリング（ACG）を実施してきたことです。

何がわかったか。彼女たちの圧倒的多数が、母との関係で苦しんでいることがわかったんです。

私にとって、これは意外なことでした。親のアルコール問題は、ほとんどが父親によるものでした。なのに、その傍らで苦しみ、娘にグチを垂れ流している母親との関係のほうが、はるかに彼女たちを苦しめていたのです。

最初は、お母さんのことがなかなか話せない人もいました。話そうとすると泣いてしまう人もいました。でも母の愛の怖さとか母の支配のテクニックの巧みさとか、毎週のように、15人くらいから聞くわけですよ。そうすると、私の世界観がすっかりずれちゃって。

2005年に『母が重くてたまらない』の担当編集者から、「信田さん、母と娘というテーマで書いてください」と言われたときに、私は「そんなこと今さら書いたって……」と思ったんです。それくらい、グループカウンセリングでは毎回、母との関係について聞いていたからです。すっかりそのテーマは時代遅れみたいな感じでした。そしたら「信田さんの常識はまだ世間では非常識ですから」と言われて、「ええ！

私は非常識だったんだ！」と。

世の中はそんなふうに、母と娘の関係は絶対うまくいくと思ってるんだ、あらためてそれがわかったんですね。それなら、私が書く意味があるのかな、と。それで２００６年から、春秋社のPR誌『春秋』で連載をはじめたんです。

連載中から、大きな反響がありました。「よく書きますね、ああいうことを」という批判もあれば、「よくぞ書いてくれました」という評価もありました。自分としては、別に変わったことや極端なことを書いてるつもりもなかったんです。日々のカウンセリングやグループカウンセリングでは当たり前のことでしたから。

２００８年にそれがまとまって、１冊の本になりました。黄色い表紙の『母が重くてたまらない　墓守娘の嘆き』（春秋社）です。私は書いた本がベストセラーになる人間じゃないので、「そこそこ売れればいいかな」と思っていたら、とにかく反響がすごかった。

反響には特徴があって、キャリアの女性たち――女性を

職業で差別をするのかと言われないようにあえて言っておきますが、高学歴、なおかつクリエイティブな仕事に就いてる女性、具体的に言うと放送局、マスコミ、出版社、大学教員といった女性としてはエリートと言われるような人たち——からの反響が次々と起こったんですね。

彼女たちがテレビの番組で取り上げてくれたり、新聞や雑誌の書評で取り上げてくださったおかげで、けっこうこの本は売れました。表紙の色がパッと目立つ黄色だったせいもあったのか、「話題の本」になったわけです。

それから12年経って、いまどうなってるか。これが、今日の話なんです。

2　母と娘のいま

†母娘問題のはじまり

私はすごく思い上がりが強くて。自分が本を書いてここまで世の中に広がったんだから、そのとおりに現実も変わるって思っちゃうんですね。なんでそんなふうに思えるのか、冷静になるとよくわからないんですが。実は、反応したのはごく一部の人たちに過ぎなかったということが、のちにわかります。

本の余波で、いろいろなところから「母と娘について話してください」と講演に呼ばれて行くと、たくさんの人がお話を聞きに来てくださるんです。ほとんどが女性ですが、彼女たちが例外なくおっしゃるのは、「ほんとうに、このことを口に出すことができなかった」と。

そのとき私は、「母が重い」というのは、罪悪感なしには言葉にできないんだなと、あらためて認識させられました。ACのときはあんまりなかったんです。ACはアルファベットですから、世の中に通りがいいし、何を意味しているかわかんないところがあるんですね。

でも「母が重い」と言うと、「この人はお母さんのことをこんなふうに思ってるんだ」というふうに批判をされる。もしくは、「人間じゃない」とか言われたり、世間の常識からバッシングされる。そのことを覚悟しないと、言えない言葉なんですね。
ですから、2008年以降、「ACって言葉は知らなかったけれど、ほんとうに、母と距離を取りたいんです」とか「母のことを重いって言っていいんでしょうか」とか、そういう方が数多くカウンセリングに来談されました。

オーバーに言えば、これは、日本における母娘問題の「幕開け」だったんじゃないかなというふうに思います。

†毒母、毒親という言葉

2012年には「毒母」という言葉が広がりはじめます。

母と娘の話は、「毒親」のことなんだなと思った方もいらっしゃると思います。ここであらためて言っておきますが、私は、積極的に「毒母」とか「毒親」という言葉を口に出したことはありません。

毒母という言葉をあえて口にした人の勇気は讃えたいと思うし、毒母と呼ぶことでお母さんと距離が取れた人を私は評価したいと思う。だけど、私からすすんで「あなたのお母さんは毒母ですね」と言ったことはない。このことはお断りしておきます。

毒親のルーツはACにある

　これはどこから出てきた言葉か。実は、ルーツはACにあるんです。

　AC関連の本が、96年から2000年にかけて数多くいっせいに出版されたんです。でも日本人の著書よりも、一番多く出たのが翻訳書でした。主にアメリカですね。

　そのなかに、1999年に出版された『毒になる親』(Susan Forward, *TOXIC PARENTS*, 1989) という本がありました。書店でACコーナーができるほどでしたが、そのなかではそれほど目立った売れ方をしなかったと思います。細々と売れて、その後、2001年に講談社+α文庫になりました。

　2011年の東日本大震災。これが、母娘問題の当事者による本が出る大きなきっかけになったと思います。「いつも、社会の動きと無理やり結びつけてるよね」と言われるかもしれないんですけど、私たちはそんなに社会の動きと独立して生きてはいません。

　震災の翌年、2012年に、本が2冊送られてきたんですね。田房永子さんの『母がしんどい』と、女優の小川真由美さんの娘である小川雅代さんが書いた、『ポイズン・ママ』です。

表紙を見ただけで、なんか内容が全部わかるような気がして、「嫌だな、こんな、なんかもう！」って正直思ったんですよ。でも、読み始めたら、両方とも止まらなかったんです。

読み終えて直観したのは、ああ、これから当事者による本がいっぱい出るだろうということでした。その勘は当たってました。私は、公認心理師で臨床心理士ですから、専門家の立場から書いています。それが２０１１年の震災を経て、大きく「当事者本」に流れが変わったというふうに思います。

当事者の使い勝手の良い言葉として、「毒母」それから「毒親」という言葉があったんじゃないか。わかりやすくて、誰もが否定できない「毒」という言葉。それと親を結び付けるなんて、日本オリジナルでは絶対無理です。輸入語（翻訳語）だからそれができた。一種の黒船効果でしょう。

いまでは、当事者本が書店の一角を占めるようになりました。ネット書店でも同じです。毒母・毒親の潮流が定着したのかなというふうに思います。

ACも外来語ですから、「毒母」「毒親」と同じです。でもあの曖昧さと、自己認知に軸足を置き、客観性を超える視点は、そこにはないと思います。

母の老い

第4期の「毒母、毒親」から、次の問題が出てきてるんですね。第5期の、「母の老い」です。

2008年に「この本を読んでよかったです」と言ってた人が、それから12年経つと、当時40歳だった人が52で、親が80代ですよね。なかには施設に入ってたり、ちょっと認知症になってたりする。

世間は、なかでも福祉の世界は、娘を筆頭介護者として考えるんです。そういうときに「親との関係をどうするか」という問題が、次に出てくる。

『きらいな母を看取れますか』(主婦の友社、2020年)という本をお書きになった寺田和代さんと、出版記念のトークをしたことがあります。やっぱり、親が年老いたとき、果たして今までみたいな対応でいいのか、という疑問が出てくる。

寺田さんによれば、自分はいやだと思っていても「世間は許さないんです」。知人はもちろん、親戚も許さない。介護施設の側はなんとか母と和解をさせるようにすめると聞いて、ちょっと私はショック受けたんです。「家族介護こそ一番上にあって、施設はそれを補うもの」この考えが、相変わらず福祉の世界には色濃い。私はまったくそう思わないですけど、そういう考えは少数派だとわかりました。

親を捨てろとも言えないし、そのあたりは、バランスでやっていくべきだと思いますが、それはとってもむつかしくて、世間に合わせて行動することと、自分が壊れるかどうかの境目を行くことになる。

まるで綱渡りのような状態ですよ。そういう方がクライエントに何人もいらして、彼女たちは介護施設に親の面会に行くたびに二日間寝込むんです。

だから寝込まないようにするには、月に何回ぐらいが適当かを考えてもらいます。ある女性は「月1だ」と。だったら月1回で行きましょうということにしました。

まわりからの、冷たい娘だとか、暇があるのにどうして月1回？みたいな反応もあったけど、とにかく月1で頑張ってもらいました。その後連絡があって、1年半後にお母さんが亡くなって、お葬式も無事出しましたというお話を聞きました。

†自分の限界は甘く見積もる

世間からの圧力を無視できないとしたら、その女性のようにどこまでなら自分が耐えられるかを考えてみる。なかにはどんどん耐えられちゃう人もいますけど、それはまずいですよ。

やっぱり、自分の限界は甘く見積もったほうがいい。わがままかな、と思えるくらいがちょうどいい。1日1万歩歩くって頑張らないで、5000歩ぐらいでやめとく、ぐらいの感じで母との介護をとらえることです。

年老いたお母さんと、一緒に暮らさざるを得ないという人も多いです。そのときは、自分と親との関係を話せる安全地帯を持つ。たとえば、ACの自助グループはインターネットで検索すれば全国にあります。東京だったら何カ所もあるので、ミーティングを利用する。

安心して話せる自助グループに行って、週に1回でもいいから、その2時間だけは

「いま、とっても苦しい」って語る。誰からも批判されない場を持つだけでも、残りの時間を耐えていけることがあります。

自分の毎日と親の介護のギリギリのバランスを保つ

そうやって、自分の毎日を生きることと、親の介護をすることのギリギリのバランスを保っていっていただきたいなと思います。

あとは、施設に入れられないように、自分から離れないように、それとなく娘に媚びてくるお母さんもいるんですよね。

母親たちは、長い人生をそれなりにサバイバルしてきたわけです。すごい女性差別や結婚制度、家父長的家族の中で、苦労して生き延びてきた人たちですからね。そこで培ったのは、なまじの技術じゃないですよ、あの人たち。娘一人ぐらい、コロッと自分の味方に引き入れるだけのスキルがあるんですから。

そういう母親たちの打った網に引っかからないようにしてくださいね。「それって、お母さんの言うなりになってるんじゃない？」と思わせてくれるようなグループや、もちろんカウンセリングとか、そういうものが必要じゃないかなと思います。

†亡くなった親

もうひとつ。亡くなった親について言うと、亡くなって済むもんじゃないんです。死んでから思い出されることもあるし、死んでから母の悪夢を初めて見る人もいます。なかなかお墓に参ることもできないと言う人もいますね。

つまり、親の記憶と、親が生きてるか死んでるかは関係ないんです。21世紀になって、トラウマ研究がすごく発展してきました。詳しくは述べませんが、私たちは想像以上に過去のトラウマに影響されていることがわかってきたのです。

梅雨時の湿気を感じると、30年前の6月に遭った性被害のフラッシュバックに苦しむという人がいます。原爆の投下や大震災が起きた日に、暦が近づくにつれて心身の不調が生じることを「記念日反応」と呼んだりします。

たしかに親が亡くなって、死んだ親を悪く言うことへの常識的批判から、むりやり親を美化したり、許したりすることはあります。とくに日本は、死者に鞭打つことへの批判が強い国です。「死んでお詫びします」と言われたら許しちゃう。それはどうなんだろうと思いますが。

ましてや親ですから、亡くなった親のことを批判すると人間扱いされないのが関の山です。しかしトラウマ記憶は、親が死んでも生きてても変わりません。ですから、自分の記憶に正直に、トラウマはケアしましょう。そして、親のことを整理していただきたいと思います。

3 母を俯瞰する

ここでACのことをあらためてご説明します。

「現在の生きづらさが親との関係に起因すると認めたひと」

これは私の定義ですね。もう、長くて長くて、なかなか暗記できない方もいると思うんですが、実はこれは、練りに練られた定義なんです。アメリカの単純明快な、何の芸もない定義に比べたら、いくつか優れたポイントがあります。

ACとは、現在の生きづらさが
親との関係に起因すると認めたひと

ひとつは「生きづらさ」という言葉を使ったことです。みなさん、「生きづらさ」という言葉を今では当たり前に使ってますけど、1990年代初頭に「生きづらさ」をこういうふうに使ったのは、おそらくACの定義が最初だったと思います。

それからもうひとつは親との関係。人生うまくいかないときにどうするか、もちろん心理学とか臨床心理学の本にはいろいろな説明や学説が書いてありました。だけど、「親が絡んでる」と、おおっぴらに言うことはタブーだったんです。このタブーは今でも続いています。

『母が重くてたまらない』が出たとき、出版社に何件かクレームの電話が入ったそうです。「こういうふざけたことを書くのはどういう人間だ！」というクレームはまだしも、女性から、「信田さんにはお子さんいらっしゃるんですか？」という質問もあったようです。担当者が「いらっしゃいますよ」と答えたら、「あら、そうですか。子どもがいないから、あんな本書けるかと思った」と言う方もいたそうです。

この、「親との関係に起因する」という表現は、もっとはっきり言うと「親のせいだ」と言ってるわけです。おとなになるということは、親のせいにしない、ひとのせいにしないことだ、と今でも言われます。なんてヘンなことでしょう。だって親のせいで生まれたわけですし、親のせいで名前が決められたのです。親のせいで、あの家族を生きるしかなかったわけでしょう。

だから堂々と、「親との関係に起因して生きづらいのだ」と言ってのける反逆性というか、ラディカルさはすごいです。家族の常識を転換させるという意味では、ものすごく大きな意味があると思っています。

†定義にこめたもの

ＡＣの定義の話をつづけますと、もうひとつは「認めたひと」というところが大事です。

みなさんは、「べてるの家」をご存知でしょうか。北海道の浦河《うらかわ》にある、「当事者研究」の発祥の地とでも言える場所です。当事者研究の一番の特徴は、自分の病名は自分で付けるというところなんです。

だから、医者から統合失調症という診断名をもらっていたとしても「自分はもっと別の病名がある。それをつける権利は当事者である自分にある」というのが、当事者研究のスタートです。実は、ＡＣの定義も同じだったんですよ。

私が何を意識して、ＡＣの定義をつくったか。これは、「精神科医療に取り込まれないように」ということだけを考えてやったのです。

たとえば「現在の自分の不安」と言ったら、これはもう「不安障害」で、精神科の対象になります。あとは「自分の性格」と言ったら「パーソナリティ障害」で、また専門家が入っちゃう。

だけど「生きづらさ」というのはすごくいい言葉で、病気でもないし、心理学用語でもない。哲学の問題にちょっとかかってくるし、非常に主観的な言葉ですよね。だから、この言葉を使いました。自己認知、つまり自分を自分で名づけるのがＡＣなんです。

それから「親との関係に起因する」。これも意図的に使っています。

『日本一醜い親への手紙』（dZERO、２０１７年）という今一生さんが編著をされた本にも書きましたけど、ちょっと哲学的・経済学的なこと言うと、マルキシズムとの対比でこれを使っています。マルクスは「下部構造」と言いました。この下部構造と似たものを、私はこれに込めています。

私たちはいくら自立した独立した人間だ、私は自分で考えているといったところで、私たちを産み育て、日々膨大な影響を与えつづけた親の影響を点検せずには、本当は生きられないんじゃないか。こういうことを、ここに込めているわけです。

「現在の生きづらさが親との関係に起因すると認めたひと」というACの定義は、このような私のいくつもの思いが込められたものであることをわかってください。

†母親の三大原因説

原宿カウンセリングセンターには、母親である方の来談も多いんです。多くが、「突然娘から距離を置かれた」「娘が会ってくれない」「LINEしても返信がない」といった娘から関係を拒絶された母たちです。60代、50代ぐらいの母親たちが困惑し、どうすればいいのかを一生懸命考えて、来談されるんですよ。

どうして娘は突然、母親である私と距離を取るようになったのか。何が原因か。だいたい、彼女たちの推測は三つなんです。私は、「母親の三大原因説」と呼んでます。

ひとつめは、「娘がうつになった」。「あの子はもともとうつっぽい子だったから、うつがひどくなって、こんなふうになったんじゃないか。私がほっといたら、うつがひどくて、会社を辞めなきゃいけないんじゃないか。だから、先生、いい精神科ご存知ないですか」こういうことを言うんです。

ふたつめのは、「変な男に引っかかった」。もしくは「結婚した相手が悪かった」。夫とかボーイフレンドに何か吹き込まれたことで、私をこんなに拒絶することになったんじゃないか。「あの子、影響を受けやすいんですよね。だから私が言って、説明してあげなきゃ」とか。

三つめは「宗教」ですね。「カルトに引っかかったんじゃないか」とか、「宗教団体から娘を連れ戻さなきゃいけない」とか。

おわかりのように、三つの原因のなかに「母」は入ってないんです。つまり、自分は原因ではない。

うつ、男性、宗教。自分は正しいのに、自分以外の原因によって、娘は私を拒絶するようになった。だから私は娘と会ってちゃんと説明をして、まっとうな道に引き戻さなきゃいけない。

これが、9割がたの母の言い分です。ここまでか、と思いましたね。

†謝罪になっていない謝罪

母のカウンセリングをつづけていくうちに、娘に対して「謝罪のお手紙を書かれたらどうでしょうか」というふうに言うことがあります。「謝罪ですか？」と一瞬抵抗を示すんですが、「そうですね、悪い母だったわけですから謝らなくっちゃね」とうなずき、「手紙を書いてまいります」と。

彼女たちの書いてきた手紙を私も読ませてもらいます。読み終わって、腰が半分抜けるくらい驚いた。まるで謝罪になっていないんです。

多くは、「私があなたをどんなに苦労して育てたか」という話で終わる。自分の苦労だけが書いてある。私が何度も「これは謝罪の手紙ですよね？」と聞いても、「はい！」とおっしゃる。彼女たちにしてみると、自分があなたをどんなに苦労して育てたか、手塩にかけて育てたんだよということが、謝罪なんです。

DVの加害者プログラムも、似たところがあります。自分がどんなに一生懸命に家族のために働いてきたかを訴える。それが妻への謝罪なのです。

ただ、まれに娘から批判されて、それを受け止めようとする親もいるんですよ。なかには、真剣に謝る親もいるんです。私、偉いと思う。

でも、そんな親、少ないですよ。娘からしたら「信田さん、親をいい気にさせないでください」と思うかもしれないけど、やっぱり、謝罪もできない親から比べれば、がんばって謝罪の手紙を書こうとするだけ、自分はよくやってるんだなと思ってもらいたい。

娘に謝罪できる母はとても少ない

多くの苦しむ娘たちは、心のどこかでお母さんにわかってほしいと思っています。ほんの1%であったとしても。

「私がここまであなたと距離を取るのはこういうことがあったんです。あなたと会うのは怖いし、不安だし、だから会えないんです。このことをわかってください」という思いがあります。

そしてあわよくば、もしくは願いが叶うなら、お母さんがわかってくれて「そうだったのか。あぁ悪かったね、本当に悪かったね」と心から謝罪をしてくれる。そうやって再び、老いゆく母を、できれば後悔なく見送っていきたい。こういう望みを持ってる娘が、とても多いのだと思います。

†母と娘は和解できない

水を差すようで申し訳ないですけど、私は、母と娘の和解はほとんど無理なんじゃないかという意見なんですね。それを講演会とかで言うと、一部、ガーンって顔する人がいるんです。「えー、そんな残酷な。信田さんカウンセラーでしょう?」「もうちょっと優しい言葉は言えないんですか」

でも、本に何回も書きましたけど、ありもしない期待を植え付けて、「お母さんと私は和解ができるんだ」「お母さんと相互理解ができるんだ」と思わせてしまうほうに罪があるんじゃないかと思ってるんです。私は、それはまず無理だというふうに思います。

20代から70代まで、いろいろな年代で母と決別する人がいます。そういう娘たちは、なぜそこまでして母と距離を取りたいと思うのか。

さっきの三大原因説じゃないですけど、そういう母は、自分の何かが娘を傷つけ、追いつめ、そして自分が娘から距離を取られ恐怖の対象になっていることを到底認められないと思います。

そのような母であることを突きつけられつづけた娘たちは、自分を守るために、ぎりぎりのところで母と決別する決心をします。

しかも残酷なことに、母の年齢が上がれば上がるほど、母と決別する娘に対して、世間や常識は「人間じゃない」という扱いをするんです。

4　グループの力

私が、カウンセリングをどういう方針でやってるのか。

そこまで考えあぐねて母から決別した人を、やっぱりカウンセラーである私は肯定するべきだと思っています。肯定とは、その人が苦しんでいることを、私が承認するということです。

†解釈を一切しない

「いやいや、あなたね」とか、絶対に思わない。心理療法において、「解釈」というものがあります。この人は言葉でこう言ってるけど体がほんとうのことを表現しているとか、そういう解釈を一切しないことです。

私は公認心理師であり臨床心理士でありますが、私のような考え方は、最近はそうでもありませんが、かつては少数派でした。

あえて言うと、私にとっての先生はクライエントである人たちです。担当したことのあるクライエントの数において私は人後に落ちない。たぶん日本でもトップクラスと言っても過言じゃないと思います。これだけの長い長い時間をかけて、多くのクライエントに会いつづけてきたことが、私の自信になっています。

そういう臨床経験に基づいて言えるのは、「お母さんと距離を取りたい」と言ったら、それを肯定する。そして協力すること。これが、カウンセリングでは大切だし、一貫してやってきたことです。

でも反省点があって、「私の母はこうです」と言ったとき、私がそれに輪をかけて、「それひどいですね」とは言っちゃいけないと思います。クライエントご本人から「ひどいんですよ」と言われる前に、私のほうから親を批判してはならない。

奇妙かもしれませんが、彼女たちは傷つくんです。実際に「信田さんにあの母をひどいと言われる筋合いはないです」と言われたことがあって、それで気づいたんです。そのとおりだと思って、謝りました。

ですから、「親から自分がこういうふうにされた」「私はこの経験がたまらなくつらい」「その記憶がいまだに自分を苦しめる」というような訴えに対して、「それはもっともですね」というところから始めるということがひとつです。

†母親研究

もうひとつは、「重い母」とか「毒母・毒親」という言葉を使って、クライエントの人たちをへんに類型化しないということです。カウンセラーが頭のなかにひとつのシェーマ（図式）をもっていて、それに当てはめていく、それは危険なことだと思います。「親からこういうふうに支配されると、人間にはこういう特徴が生まれる。だからそれをケアしなきゃいけない」こうした発想を、私はしません。

母との関係で苦しんでる人におすすめするのは、「母親研究」です。詳しくは『増補新版 ザ・ママの研究』（新曜社、2019年）を読んでいただきたいのですが、これはまず生育歴をちゃんと話すことから始まります。

母親研究はまず生育歴を話すことから

2000年代の初めに、日曜の午後出勤して男性のACのグループを実施していました。女性のACのグループでやっているように、彼らにも生育歴を発表してもらいました。「何年何月何日、何々県何々町生まれ、何年小学校入学、何年何月中学校入学、○○大学入学、卒業後、○○会社就職。以上で生育歴終わりです」と言われて、びっくりしたことがありました。まるで履歴書をそのまま読むだけ、という生育歴もあるんだなと思いました。

私の言う生育歴というのは、グループカウンセリングで、他のメンバーの人に自分はどういう思いをして、どんなお母さんのもとで育ってきたか、それがどのように苦しかったかをわかるように説明するというものです。

ポイントは、自分と似た経験をした人たち（グループメンバー）の存在の重要性です。これについては、この本のなかでくりかえし説明したいと思います。

カウンセリングでも日常生活でも、避けたいのは、自己完結するということです。「自分で自分を癒す」とか「自分で自分を肯定する」なんて、はっきり言うと、これはNGワードなんですけど「くそくらえ」だと思ってるんですよ。だから私は「自己肯定感」という言葉は絶対使わないし、それから、「自分を許す」とか、そういう言葉も嫌です。

他者との関係のなかで、結果的に自分が肯定できるようになることはあります。でも自分だけで自分を肯定することはできません。だから、お母さんとの関係で苦しんでる人は、同じような仲間のグループを見つけることが大事です。近くにないなら、いまはオンラインの時代ですから、そのようなグループを探し、オンラインでもいいから参加してもらいたい。

†言いっぱなし・聞きっぱなし

私の担当しているグループカウンセリングでは、他の人が話したことに、絶対コメントをしない。いわゆる「言いっぱなし・聞きっぱなし」のやり方をとり入れています。

いまオープンダイアローグという方法や哲学が知られるようになっていますが、そこでは対話が重視されます。この方法は、自助グループの「言いっぱなし・聞きっぱなし」と深いところでつながっています。

人間には他者への支配欲求がありますから、ついついコメントしたくなっちゃうんです。とくに、同じ苦しみを持ってきた同士というのは、ときにはすごく支配したがることがあるんですよ。

これは危ないです。だから、同じ苦しみを抱えた仲間こそ、距離を取って、お互いに不用意なコメントをしないことが、仲間の関係を作り上げていくうえでのポイントだと思います。

自分がいまここで話したいことだけ話して、それでよしとする。他の人が話すのは聞いててもいいし、聞いてなくてもいい。聞きたければ聞く。そういうふうにして、8人だったら8人順番に話す。

母親との関係で苦しむ人たちのグループカウンセリングでは、自分と母との関係について話す。母がどんな人だったか、母の具体的なエピソードを話す。

これらが積み重なると、自分はどういうふうに生まれ育ってきたのか、親との関係をどう自分が生きてきたのか、家族の構造も含めてだんだん見えてくる。

大事なことは、私は、一対一の心理療法を否定するものではないとい

同じ苦しみを抱えたひとにこそきちんと距離をとること

うことです。私も一対一のカウンセリングをやっていますので、それに意味がないとは言っていません。

だけど、きちんと原則が守られたグループでは、他の人の話を聞いて自分が見えたり、自分特有と思っていたことが共通していると気づいたり、別の視点があることがわかったりするんですね。

わずか2時間でも、10人のグループをやるとものすごい情報量になるんです。母との関係を自分一人で考えて小説に書くのもいいですけど、お母さんとの関係を整理して、親との関係を生育歴としてまとめるのに、グループほど良い機会はないと思います。

†生育歴が母親研究になる

田房永子さんの『母がしんどい』という漫画は、生育歴のコミック化と言えます。どういうお母さんか。お父さんとの間にどういうことが起きていたのか。それをビジュアル的に書いている。

私たちのグループでも、生育歴を発表する際に、文章で書く以外にも、写真で表現したり、ときにはパワーポイントを使ったり、なかには詩で書いたり、歌をうたったり、シナリオやオブジェなど多様な方法でそれを表現する人がいます。

いずれにしても、生育歴を書くということは、実は、自分のことをしゃべっているようで、お母さんのことをしゃべってるんですね。これがポイントです。

これに気づいたとき、なんかノーベル賞でももらえるんじゃないかと思ったんですよ。私、思い上がっちゃう人なんで。そうか、生育歴をちゃんとまとめるというのは、母親を研究することなんだ、すごい発見だと思ったんです。

もうちょっと言うと、「毒だ」「ひどい母だ」「もうあんな母、抹殺したい」「もう会いたくない」と思ってしまうことは、すべて肯定しなきゃいけないんですよ。でも、そこから先に行く必要がある。「なぜあの母があなたにああいうことをしたのか」「なぜあんな愚鈍な父とずっといっしょにいるのか」こういうことまでちゃんと探求しなきゃいけない。これが、研究ということです。

研究では「HOW（どのようにして）」も大事ですけど、一番大事なのは「WHY

（なぜ）」ということです。私は絶えず「なぜ」ってことばかり考えてる人間なので、うるさい高齢女性になりつつありますが、「自分の母は、なぜあんなふうだったのか」を考えるのが大切なんです。グループ全体に、その「なぜ」という方向性や雰囲気が満ちているんです。

例えば15、16歳のころの写真を見ると、キラキラして夢いっぱいの女子高生だった母がいる。でも、自分の知ってる母は愚痴ばっかり言って、ときどき寝込んじゃったり、あとはどなって身体的虐待をふるう姿だけだ。なんでそんなふうになってしまったんだろう、なぜ……こういうことを、ちゃんと探求する。

真実なんて誰にもわからないですから、それは自分なりに明らかにするしかない。必要だったら親戚のおばさんに聞くとか、お父さんに聞くとか、お母さんに直接聞いてもいいです。「お母さんは、だから、こうだったんだ」と自分のなかで明らかにする。

なぜ、母親研究が必要なのか。

それはやっぱり、距離をとるためです。そのためには、時には「毒」って言葉も必要かもしれない。「母が重い」とか、「母がしんどい」とか。

でも、距離をとるためには、母親よりもはるか上のステージに行かなくちゃいけないんですね。宗教がかって見えるかもしれませんけど、そうじゃなくて。「腐ったリンゴ」という言い方もありますけど、リンゴ箱に腐ったリンゴを入れると瞬《また》く間にぜんぶ腐るんですよ。つまり、ずっとそういう人たちと一緒にいると、自分も、腐食されることがあるんですね。

だから、その箱から出て、さらにその箱が見える位置に上がらなきゃいけないんです。そして10センチぐらい上がったところで、「へえー、この箱こうなってるんだ。このリンゴがこう。なるほど!」って、俯瞰する。

この俯瞰的な位置を取るということが、ものすごく大事だと思います。自己洞察というより、他者=親を洞察するっていうことかもしれない。

自己洞察より 他者である親を洞察する

これはおそらく、お母さんにとってもすごくありがたいはずのことだと思います。そんなふうには思いませんよ、あの人たちは。だけど、何ももたない中高年のひとりの女性のことを、こんなに時間をかけて研究してくれるなんてすごいことじゃないですか。こんな親孝行なことはないと思います。

†不均衡な力関係の表れ方

さらに言うなら、この母と娘の関係は、虐待というものを考えるときにものすごい参考になります。DVを考えるときにも、参考になります。つまり家族というのは、力において決して平等ではないということです。

母の愛の恐ろしさは「飲み込む愛」とか「鬼子母神」とか言われます。つまり、自分と区別のない存在（一体である存在）として娘や息子を思うことは、しばしば、ひっくり返ると虐待になるということです。

これは、ケアについて考えるときにも、大きなヒントになります。ケアと暴力は、紙一重です。介護施設の暴力って、非常に危ないところにありますよね。だから、他者を一生懸命ケアする場所は、絶えず暴力に移行する危険をはらんでるということを、私たちはもっと意識しなきゃいけないと思います。

もう一回母と娘の関係に戻りますと、娘が対抗できないぐらい、母には力が付与されている。娘は母には及ばない。残酷ですが、すべてはここから始めなきゃいけないんですね。

だけど、母はそう思っていない。娘のためにすべてやってきたと思うんです。娘は母を強大だと思っているけど、母はそう思っていない。お互いの力関係に対する認識のずれが、すごく大きい。正反対とも言えます。そのずれを認めるということは、親にとっては苦しい。自分の加害者性を認めることでもありますから。

さっきの謝罪文を書けない親たちのように、あの人たちは、自分がやったことが子どもを傷つけたと、死んでも認めたくない。あんなに苦労してやってきたことが、娘にとって加害だなんてありえない。

私は、人間は、自らの加害を簡単に認められないと思う。私だってそ

人間は自らの加害を簡単には認められない

うです。それはとっても怖いことだから。やっぱり自己弁護したくなると思う。

心よりの謝罪がどれほど難しいか。外部が立ち入ることができない母と娘において、それはほとんど不可能だと思います。

でも、お母さんにわかってもらおうという気持ちを捨てることはできないにしても、距離をとって、生育歴を語り、お母さんを研究し、リンゴ箱の外に出て、10センチ高いところからお母さんを見ることはできます。

それによって、母は怖くもなんともなくなる。ちょっと不気味なだけの哀れな存在になる。それが、母娘の問題、それからACのグループやカウンセリングにおいて私が目指しているところになります。

第2章 共依存を読みとく

今回は、一般にもよく使われますけど、ちょっと誤解の多い言葉でもある「共依存」についてお話しします。

よくあるのは、だめな男とぐずぐずと別れられないカップルとかを指して、「共依存」と言ったりしますね。ふたりがそれぞれ、共に、依存しているという意味です。でも、そんな簡単なものでもないんです。

この章でお話しするのは、大きく分けると、①共依存という言葉がどうやって日本に入ってきたか、②どういうふうに日本で使われるようになったか。このふたつになります。

1　共依存とシステム家族論

共依存とは、いつどこで、だれがつくった言葉なのか。これがすごく大事です。

共依存というのは、ＡＣ＝アダルト・チルドレンという言葉と、ほとんど同じときに、同じようにして生まれた言葉なんですね。時代は1970年代後半、具体的に言うと76年から78年のことでした。

1975年は、ベトナム戦争が終わった年です。当時はアメリカにとっての危機でした。ベトナム戦争は、アメリカが唯一「負けた戦争(勝てなかった戦争)」なんですよ。

東南アジアの小さな国であるベトナムに負けたんですね。これは、アメリカという国家のプライドをとても傷つけ、さまざまなかたちで、アメリカの映画、文学、社会に大きな影響を与えました。

戦争から帰ってきた帰還兵たちのなかには、手や足に大きな損傷を受けたり、精神的なトラウマを受けたりしたひともたくさんいました。「自己治療」と言いますが、自分で自分の傷を癒すために酒や薬を飲み、依存症になり、家族に対して暴力を振るう。こういう現象が、たいへん多く生まれたんです。

このことが、現在の日本にも、そしてアメリカの依存症対策にも、す

共依存という言葉は ベトナム戦争後のアメリカで生まれた

ごく大きな影響を与えています。

共依存という言葉は、ベトナム戦争後のアメリカで、70年代末に生まれたものです。ただ、だれがつくったか、わからない。ACもそうですけど、学術用語じゃないので、だれがつくったとは言えないんですね。

†当事者の言葉

臨床心理学を勉強した方はおわかりのように、大学院の授業に共依存やACは一切入ってきません。それは、学術用語じゃないからです。私はそのことが残念だったなと思う一方で、よかったなとも思うんですね。

なぜかというと、当事者の言葉でありつづけた。「自分がACだ」「わたし共依存かもしれない」と思うひとが、好きに使える言葉だった。「専門家の定義はこうだよ」なんていうことをだれにも言わせなかったという意味では、とてもよかったなと思っています。

つけくわえると、「虐待」は、私は当事者の言葉だと思ってるんですよ。それから、

「性暴力」も。両方とも、被害を受ける側に立った言葉だからです。

専門家は、必ずそういう言葉を奪っていきます。いつのまにか「虐待」は専門家、なかでも医者の言葉になり、警察の言葉になり、司法の言葉になる。

だけど、当事者たちは自分の言葉としてちゃんと持ちつづけているんです。だから、専門家は、当事者がつくった言葉であれば、当事者を尊重しなきゃいけない。当事者に役に立つ言葉であること、そういう言葉を大事にしていただきたいと思います。

当事者のつくった言葉を尊重しないといけない

現実的には、そんなに深く専門家と当事者の関係について考えている人はすくないと思います。私は70年代からアルコール依存症にかかわってきましたけど、断酒会やAAといった自助グループとの接触も多いので、このような当事者の言葉に敏感なのかもしれません。

専門家の言葉とは、学術的用語のことです。一定程度のエビデンスや、科学的定義によって根拠づけられています。しかし、依存症はそもそも「酒がやめられる」かどうかもあやふやだったので、専門家の権威などなかったんです。

自助グループは、このように専門家（中でも医療従事者）が無力である問題に苦しむ当事者たちが、自分たちのためにつくったものです。

†アルコール依存症の治療現場から

話を戻しますと、共依存 codependency という言葉も、アメリカのアルコール依存症の治療現場で生まれました。そして、保健所や地域の相談センターなどで広まった。なので、生まれた原点はアルコール依存症の家族ですね。

アルコール依存症と家族とは、三つの要素から成り立っています。

ひとつは、飲む本人。この場合、飲酒する母という可能性もありますが、依存症本人は父親とします。

二つめは、その妻・配偶者です。

三つめは、その子どもたち。アルコール依存症の父と、配偶者である母の間に繰り広げられるさまざまな暗闘といいましょうか、暴力、暴言、支配と服従を、小さいころからずっと見せられてきた人たち。この人たちが大きくなって、自分たちの抱える困難を「生きづらさ」と呼び、それがACという言葉につながります。

子どもはそのような環境を生きるしかないので、これが当たり前だと思って生きていきます。これは、虐待の仕組みとまったく同じです。自分の経験していることは当たり前と思うしかないのです。70年代から、日本で子ども虐待の仕組みを一番よく知っていたのは、私たちのようなアルコールに関わる援助者なんじゃないかなと思います。

まとめると、本人と配偶者と子どもたち、この三つがセットになって、いわゆる「この世の地獄」と言われるようなアルコール依存症の家族を形成しています。

この背景に何があったのか。

共依存という言葉が生まれた1970年代末から10年さかのぼって、60年代末のアメリカで何が起きたか。「第2波フェミニズム」のムーブメントが、起こりました。これは日本にも波及しました。

アルコール依存症の家族は本人、配偶者、子どもたちのセット

これは何か。女性たちが安心安全に暮らせる権利、女だからといっていろんな自由を制限されない。こういう権利を訴え、見えない差別というものに立ち向かった。「ウーマン・リブ」とも呼ばれるものです。とても簡便な説明ですが、今ではたくさんの本がありますので、ちゃんと読んでください。

これが第2波フェミニズムで、のちに女性学へと繋がっていきます。

†システム家族論の登場

もうひとつ重要なものとして、「システム家族論」というものが登場しました。これはもともと、生物学の世界で生まれた考え方ですね。「生物界はシステムで成り立っている」と。

システム論とは、簡単に言うと、みなさんが持ってる携帯とか、パソコンとか、すべてシステムが複雑に絡み合っていますね。一部が損傷すると全体に影響する。こういう考え方です。じつは、もっとも私たちにとって身近である家族も、システムではないかと考えられたわけです。

システム論の特徴はいくつかありますが、明確な原因／結果がわからないというところが、システム家族論のもっとも大きいところです。

何か問題が起きると、「原因はなんだろう」と考えちゃいますよね。ところが、システム家族論は、家族のなかに原因／結果はないと言ったわけです。これは、とても大きなことでした。

70年代にアルコール依存症にかかわるようになった私は、80年代にシステム家族論に出会いました。今でもクライエントから「あの子が不登校になったのは、私の育て方が原因だったと思います」などと言われたときに、「原因という言葉は使わないほうがいいと思いますよ」とお伝えすることもあります。

それから、「親の虐待が原因で」という言い方にも、私はあまり賛成しません。大きな背景にはなっていますし、大きな「動因」というか「要素」ではありますが、単純明快に原因と言ってしまうことには慎重です。

家族のなかに原因／結果はない
（システム家族論）

じゃあ、どんな言葉を使ったらよいか。

たとえば「背景にある」という言い方をします。「親の虐待が大きな背景になっている」。あとは「親の虐待もしくはDVが引き金になっていますね」とか。あとは、「要因になっています」とか「これがファクターですね」とか。

とにかく直線的に原因・結果を結びつけることの弊害を防ぐために、言葉を慎重に選んでいます。

†システム家族論の影響

システム家族論は、アルコール依存症本人への家族の対応にも、とても大きな影響を与えたんですね。それは、「夫婦というシステム」というとらえ方によってです。

夫にお酒をやめさせることはできない。首に縄をつけてお酒のない世界に連れて行くしかない。お金があって時間があればお酒を買って飲む。これは止められない。

このような絶望的状況が、精神医療が依存症治療に消極的である理由になってきました。薬は効かないし、本人は酒をやめる気もないのですから。

ここに登場したのがシステム論でした。本人の意識ではなく、夫婦のシステムを変えればいいいんじゃないか、と。本人にまったく治療意欲がないのなら、システムの一方である妻に働きかける。

もうちょっと言うと、親子の問題で、子どもに問題行動が出現しているとき、子どもより先にまず親を変える。このようにして、親子や夫婦のシステムを変えていくのです。

このやり方が、70年代の終わりに「家族療法」として、ヨーロッパやアメリカで非常に盛んになりました。なかでもイタリアでは、ミラノ派などのような家族療法がものすごく流行したんですね。

「家族介入」という言葉も、ここから出てきます。

たとえば強迫的行動が止まらない、もしくは「お酒を飲む」「薬をやる」行為が止まらないとき、「本人をどうするか」を考えるより、周囲の家族に介入して、家族の行動や認知、考え方を変えていく。それによって結果的に家族のシステムが変わり、本人のお酒や薬や強迫行動が軽減されるのを期待する。

これが、とても簡単なシステム家族論の説明になります。何か原因があって結果があるといった、簡単でわかりやすい説明は避けたほうがいいでしょう。家族のなかで起きることについて、簡単に原因／結果という枠組を用いないようにしています。

2 支配としての共依存

†共依存の発展

ACと共依存は、同時に生まれた双子のような言葉として発展してきました。いま言ったような、システム家族論の流れから出てきたわけです。

ところが90年代に日本に入ってきてから、ACはシステム論からちょっと離れて発展することになります。「加害／被害」という文脈、そして親と子の「権力関係」という文脈で発展をしてきました。

一方の共依存は、日本でもシステム論的な流れの中で発展してきましたが、このことが何を生み出したのでしょう。

システム家族論における共依存では、加害／被害という非対称的な、ときには対立する関係は想定されません。因果論を脱するシステム論に対して、暴力は明確な因果関係から成り立っているからです。

これが、アルコール依存症の妻たちが、激しいＤＶを受けているという現実を見逃してきたことにつながるんですね。このことは、アルコール依存症の援助者である私たちにとって、とても大きな失点だったというふうに思います。

ただ言いわけはできます。ＤＶという言葉は、日本では１９９５年まで存在しなかったのですから。アルコール依存症だって、いまだにそれが病気だっていうことすら、日本で定着していない。

アルコールを飲んだ夫が妻を殴る。90年代の初めまで私たちは、「殴るのは夫のアルコール依存症の症状ですね。だから、お酒をやめれば暴力は止まりますよ」というふうに言ってきたわけです。

ＤＶという視点から見直すと、やっぱり彼女たちに「それは暴力ですよ」「あなたが受けてるのは、夫が飲んでいようが飲んでいまいが、暴力の被害なんですよ」と当時から言うべきであったと思います。しかし、日本でそういうふうに言えた人間はほとんどいなかったでしょう。

そう考えると、少しずつですが、私たちは進歩しているのかもしれません。とくに、「酒をやめれば殴らなくなる」から「夫はあなたに暴力をふるっている」へと専門家のとらえ方が変わることで、妻たちの被害が明るみに出される。今まで発言力もなかったし、踏みつけにされてきたような人たちの言葉が届くようになる。このような変化が起きている。私は、このように楽観的に捉えています。

†従来の共依存理解の限界

アルコール依存症家族の母たちによる、子どもに対する支配を見逃してはいけません。アルコール依存症であるほとんどの夫は、妻にとって耐えがたい経験を与えます。ＤＶの原点はそこにある、とさえ思います。そして、妻たちは子どもを支配することで、かろうじて生きられるのです。これを「DV被害者の加害者化」と呼んでいますが、DV被害者を鞭打つような言葉だと思われるかもしれません。

実は、今回の主眼はそこにあります。被害を受けた人は、被害を受けっぱなしではいられないということです。

日本における共依存は独自の発展をしてきた

1989年に日本に入ってきてから、共依存という言葉はアメリカをはるかに超える発展をしてきました。アメリカの限界というのは、単純な二項対立的なポップ・サイコロジー（通俗心理学popular psycology）と、エビデンス主義的で技法中心の心理学の、二極化したものしかないという点でしょう。

ポップ・サイコロジーはもちろん明快だし、わかりやすいのでスッキリしますけど、私は個人的にはあんまり好きではない。もうすぐ消えゆく存在ですから、好き放題に言わせてもらいたい。

私は、共依存という言葉に、複雑な、もっと深い意味を与えてきたと自負しています。

ここが、最大のポイントです。

†依存ではなく支配

共依存に関する翻訳書を何冊も読みましたし、書評もしましたけど、みんな書いてあることは同じなんですよ。「本当の自分と偽物の自分」とか「自分で自分を愛する」とか「自己肯定感を高める」とか。「そういうものを邪魔するものとして共依存がある」という説明なんですね。私はまったく同意できない。

共依存はよくそういうふうに理解されていますね。「人の世話をすることで、本当の自分を見ないようにする人」とか。でも、そんな単純なものじゃない。

権力と支配の文脈で共依存をとらえる

私が言いたいのは、共依存を、権力と支配の文脈でとらえることです。もうちょっと言うと、共依存という言葉も、社会的な影響を大きく受けてきたわけです。「共依存って、依存じゃないんですか」と言われますけど、私は共依存をあんまり依存だと思っていなくて、どちらかというと「支配」と言ったほうがいいと思っています。「愛情という名の支配」というか。

ケアや世話、愛情には、だれも抵抗できないわけです。「あなたのケアをしますよ」と言われて、「けっこうです」と言ったら、「けっこうです」と言った人が問題になります。

ですから、誰も抵抗できないケア、世話、愛情という「無敵の価値を利用して行われる支配」。これが共依存という言葉に込められたものだと思います。

†「あなたのために」が不幸のはじまり

さて、共依存を表す一番わかりやすいフレーズが「あなたのために」です。

90年代の後半に『愛情という名の支配』(海竜社)を書きました。「「あなたのために」が不幸のはじまり」という内容の本です。

そしたら21世紀になって、「「あなたのために」が問題だ」みたいな本が次々と出てきて、「しまったなぁ……あのときに商標登録しておけばよかったな」というふうに思うぐらいなんですけど。

まあ、別にいいです。ソニーが最初にウォークマンをつくったら、瞬く間に世界中で類似品ができたように、いいことはどんどん広がるのが宿命なんで。

でも「あなたのために」という言葉の持つ、いかがわしさというものを考えるためには、共依存という言葉はとても役に立ちます。

もし「あなたのためにやってんのよ」と言われたときには、まずは「ありがとう」って言えばいいんです。「ありがとう。でもね、私のことは自分でまず考えたいの」とか。やっぱり、感謝を前面に出すことが、世間に受け入れられるコツです。日本は、「あなたのために」がはびこっている国ですからね。

†言葉が現実をつくる

原宿カウンセリングセンターには、共依存のグループがあります。KG（Kyoizon Group）で、共依存だけローマ字なのがいいですね。

所長から顧問になってからも毎週オンラインで実施していますが、KGでは、暗黙のうちに使っちゃいけない言葉がつくられてきました。禁止語は、グループに参加するうちに、沁みとおるように共有されていくんです。

「子どものためにやってきました」はNGです。「子どものために」と言ったら、「そういう表現は、ちょっとどうでしょうか」と。「親の愛が通じないんですよ」と言ったら、「親の愛。これもちょっとNGワードですね」みたいな感じです。そういうふうに、言葉を禁じる。これを大げさに「言論統制」と呼んでます。

なぜかと言うと、言葉によって現実はつくられていきますから。これは社会構築主義とか、社会構成主義とか、言語構築主義とか、いろんな呼ばれ方をします。簡単に言えば、どんな言葉を使うかによって現実のとらえ方が変わってくる。

親が「あなたのために」と言ったとき、言われた本人は抵抗できなくなるんです。「あなたのことを思ってやってるのよ」という言葉がいかに脅迫的か。拒むという選択肢が奪われているからです。選択肢が奪われれば、強制になります。だから、使わないほうがいい。

言われるほうは、反論と抵抗が封じられてしまう。よそから見て問題のない家族でも、そこで育つ子どもたちがすごく苦しいというときに、やっぱり親から「あなたのためにやってるのよ、これが親の愛なのよ」というふうに言われていることがあるんですね。

自分の意志なんて、一回も顧みられたことがない。振り返ってみれば、親の敷いたレールの上をずっと歩いている。

これをどういうふうに表現すればいいのか。私はこの共依存という言葉が、まさにそれじゃないかって思ったんですね。

†母の愛のいかがわしさ

90年代から始めたACのカウンセリングで、いつも念頭にあったのは母たちでした。あの「母の愛」を語る母たちは、なぜ、あんなにいかがわしいのか。「いかがわしい」というとちょっと語弊がありますけど、ほかの表現がないんですね。

80年代からアルコール依存症の家族にかかわってきましたが、「なんだろう、これは」という思いが、ずっとあったんです。それが、ACと共依存という言葉が入ってきたとき、「あ、これだったんだ」と、私の中で腑に落ちた。

まとめてみれば、こういうことです。

「被害者権力」というものがあるんじゃないか。そして、弱者になるということは、そのことによって権力性を帯びてしまうということがあるんじゃないか。

これは、なかなか嫌なことです。「嫌なこと言うな、信田は」と思う人もいるかもしれません。だけどやっぱりこのことは、私も含めて、十分自覚しなきゃいけない。

被害者権力

被害者権力の特徴は、この三つです。

① 被害者は（しばしば）自分より弱者を支配することで生きていく
② 被害者は（しばしば）強迫的にケアを与えたくなることがある
③ 被害者は「正義」をよりどころにすることで生きることがある

③は、特に大切な点です。セクハラや性暴力の被害を受けた人が「自分は間違ってない！　被害者だ」というのは、最後のよりどころですか

弱者になることの
権力性を考える

ら。しかし、それがしばしば権力性を帯びてしまう危険性も、考えておく必要があると思います。
①は、家族を考えていただければよくわかります。姑からいじめられ、夫に浮気され、ときには夫に怒鳴られ、実家も頼りにできない母たちが、どうやって精神的に正気を保つのか。それはやっぱり子どもでしょう。
おまけにそれは、はたから見れば愛情だし、世話だし、ケアだし。そこに彼女たちがドドドってなだれ込むのは容易に想像できますよね。

それは、いまでもしばしば起きています。令和になってもあまりにも変わらないんで、驚くぐらい。2020年代も、80年代とほとんど変わらない。そのことにはショックを受けたりします。

そして②ですね。よく聞くのはシェルターでの話です。夫のDVから逃れて、生きるか死ぬかでシェルターに逃げてくるわけですよ。その人たちの、自分よりあとから入ってきた人たちに対するケアが、ものすごい。

シェルターのスタッフによれば、新しく入ってきた人たちを「まるで強迫的にケアをする」と。私はその言葉が忘れられないんです。

これには、ジェンダー差があるかもしれない。では男性はどうなのか。

ひょっとして私が知らないだけで、シェルターに入った女性と同じように、男性たちも強迫的にケアすることがあるかもしれない。でも、多くは他者への暴力（なかでも性暴力）として表出される気がします。東日本大震災でも阪神・淡路大震災でも起きましたけど、大きな災害のあとの性暴力のすごさを考えると、それは性欲という文脈では到底考えられない。

このような、男性たちの他者への暴力という回路は、比較的わかりやすい。でもケアを与えることは「正しい」し、「美しい」ことなんです。だから、受けた被害をその後どうやって持ちこたえるかというときに、「ケアを与える」という経路があることは、これまでほとんど注目されてこなかったんです。

†パターナリズム

ケアの持つ支配性は、じつは私たちのような援助職にも当てはまるものです。

ケアや援助が、なぜ支配性を持ってしまうのか。これは、パターナリズムという言葉を考えるとよくわかります。

パターナリズムは、ふたつの要素から成り立っています。それは、「相手の意志と自分の意志が一緒であると思うこと」と、「自分の行為は善意と良識に従っていると思うこと」ですね。

つまり、「自分のやってることは、良識ある善意に従っていて、正しいことだ。だから相手もそれを良いことと思うにちがいない」。これがパターナリズムです。

母親を思い浮かべてください。子どもにスプーンで離乳食を、食べたくないのに食べさせる。この子にとって、絶対いいはずだと思ってる。でもその子はもう嫌で、ぺッと出しちゃったりする。そうすると、人によってはものすごく怒ってしまう。

虐待は、こういうところから起こったりします。そういうときの親の愛とは、「自分は子どものためにやっている。だからこの子どももいいと思うはずだ」というパターナリズムなんですね。

これは、援助者にも言えることです。

「カウンセラーとしての自分の援助はいいことであり、クライエントもそう思っているはず」これをまったく疑わない援助者がいたら、疑問符をつけたいですね。

3　母と娘の共依存

共依存には、三つの支配のかたちがあります。

① ケアや愛情によって、相手を弱者化することによる支配
② 相手にとってかけがえのない、交換不能な存在になることによる支配
③ 女性にとって最も適応的な支配

共依存がいちばんよくわかるのが、「母と娘」だと思います。ここから、ひとつずつ見ていきます。

†母のケアが力を奪う

①の話です。母のケアは、ときに対象の力を奪うこともある。いつもじゃないですよ、誤解しないでくださいね。

私は言葉をわりと厳密に使うので、「しばしば」とか「こともある」というのは、逃げ道をつくってるんです。だって、母がケアしなきゃ、娘が死んじゃう人もいますから。「ケアは娘の力を奪う」と書くと、ほんとにケアが必要な人を排除してしまう。だから、「もある」という表現を使っています。

娘はどう感じるか。ケアの与え手である母に対する拒否感がどこかで働くんです。それから剝奪感、何かが奪われていく感じ。高齢者施設に母に会いに行くと、帰ってきてから三日間ぐらい寝込んじゃう人も珍しくない。

どうしてそんなことが起きるのでしょう。

娘のエネルギーや「私はこういうふうに生きたいんです」という意志、みずみずしい感覚や情緒。たぶんそういうものを母が奪っていくわけです。

服装ひとつとっても、娘が選んだ服はそれとなく否定する。そして「あなたのことは私がいちばんわかってるんだから。あっちの服がいちばんよく似合うわ」とか、緑の服着たら「黄色のがいいわね」とか。こうやって、娘の意志や感覚を奪っていく。

なかでも高齢の母は、娘のエネルギーを奪うんです。吸血鬼じゃないかと思うことがある。面会に来た50代、60代の娘からストローでチューッて、生きるエネルギーを吸い取るみたいな。何もわかってない施設の人は「お嬢さんが面会に来て元気になられましたね」と笑顔で語る。

母と娘は、そんな美しいものじゃない。

もっと厄介なのは、母が重い、母から離れたい、もう母に会いたくないと語ったそばから、自責感がどんどん湧いてくるんです。

10言うと12ぐらい湧いてくるんで、プラスマイナスするとマイナスになっちゃうんです。そうなると、カウンセリングに行くたびに苦しくなる。母のことを話すと、帰り道どよーんとして落ち込んじゃう。なかにはカウンセリングをやめたいという人も出てきます。

おまけに世の中からは「あんなに毒親とか毒母とか言って、母親を責めていい気なもんだ」とか言われるわけです。娘の立場にある人は、自己嫌悪とか自責感が、とても大きいことがあまり知られてないんじゃないかと思っています。

ケアすることで相手が弱者化する

ケアしたり愛情を注いだりすると、世話された人は世話をした自分より弱者化するんですよ。たとえばお友達がボタンを掛け違えたりしたら「ちょっと、こうやるのよ……」って、ボタンをはめるのを手伝ったりする。

女性が男性を選ぶときに、「ネクタイがちょっと歪んでたりして、私が世話をしてあげないと、このひと駄目なんじゃないかしらって男がいいのよね」という人いますよね。世間的には面倒見のいい女性と言われるかもしれないけど、この人はケアによって男を弱者化したいんだととらえることもできます。

だんだん、その男性は身なりをきちんとするときに、その女性がいないといけなくなる。その果てが、「洗濯機回せません」「掃除どうやるの」「セコムわかんない」と、日常生活のスキルをぜんぶ妻に奪われて何にもできない中年男になるわけです。

30代になってもお弁当をお母さんが作ってくれる、洗濯機もお母さんがかけてくれるという女性が珍しくないじゃないですか。お母さんが元気だからいいかもしれないけど、娘からすれば、母のケアという支配を受けていると考えられます。

†あなたがいないと生きていけない

次に、②を見てみます。私の『共依存』という本のなかには、いっぱい例が出てきます。

ここでは、『男はつらいよ ぼくの伯父さん』(1989年公開)に出てくる事例を紹介します。後藤久美子が娘役をやって、夏木マリがお母さん役なんですが、その娘のことを寅さんの甥の満男が好きになるんです。

お母さんが大変な人で、男から男へ、ときにお酒を飲んでギャンブルもしちゃう。すると、娘が母を一生懸命世話をするんですよ。山田洋次はこういう女が好きなんだなって、よくわかる。

吉岡秀隆演じる満男は、そんなお母さんを捨てて僕と幸せになろうよと、いっしょに新幹線の駅まで行くんですよ。でも最後になって、娘は「お母さんを捨てられない」と言って、満男を捨てる。それを悲劇というか美談というか、よくわからない描き方を山田洋次はしています。見た人たちはどう思ったんだろう。

駄目な男にずっとくっついてる女性がいますよね。男はその女性を手放したくないので、「お前がいないと生きていけないんだ」と言うわけですよ。

これはひとつの殺し文句、切り札です。「あなたがいないと私は生きていけない」言われたほうは、もう無上の喜びなんですよ。「どうしようもない私」「たいしたことない私」が、一人の人間にとってかけがえのない存在になる。後藤久美子演じる娘は、母にとってかけがえのない存在であることを選んだんです。

それは自分がその人にとって神様になれるということです。自己犠牲と引き換えに与えられるのが、神になることであり、支配欲の満足なんですよ。だから私は、もちろん個人的にも、カウンセリングでも、「信田さんがいないと生きていけない」と言われるほど怖いものはない。そういう存在になってはいけないし、できるだけそうならないようにしています。

神様仏様ならいいですよ。だけど、その人がいないと生きていけないというのは、生身の人間でそれはどうなのかなと思いますね。

†女性と共依存

最後は③ですね。この共依存的支配というのは、女性にとって最も適応的であるという話です。

ジェンダー的に言えば、相も変わらず日本では、女性に期待されるのは「かわいいこと」「わがまま言っても、素直なこと」「面倒見がいいこと」「ケアできること」「世話をちゃんとしてくれること」とかですね。戦後ずっと、令和になっても、こういう期待は変わってない。

そうなるとまさに、日本は「女性よ、すべて共依存的であれ！」なわけです。パートナーに対しては支配的な男性も、母には従順だったりします。

「マザコン」という言葉は、あまり使われなくなりましたが、「母のために◯◯した」というと、美談になるんですよ。「母の日」にプレゼントとして旅行券をあげた、とか。日本というのは、どこまでいっても、夫婦ではなく親子という系譜で価値判断が成り立っている。家族観も親子を軸にしている、そう思います。

共依存は女性だけのものなのかというと、実はそうじゃないんです。共依存的な男性も、これまたいるんですね。私は嫌いですけど、実際います。世の中的にはいい夫だったり、いいお父さんだったりしますが。

どういうことか。自分がいないと生きていけないような女性のそばに、必ず寄っていく。ケアタイプの男性と言ってしまうと簡単ですけど、たとえば摂食障害的だったり、ときどき手首切っちゃったりするような女の子を、一生懸命、面倒見るんです。

『ジョゼと虎と魚たち』は共依存から離れるための教科書

妻夫木聡と池脇千鶴が主演の『ジョゼと虎と魚たち』（田辺聖子原作、２００３年）という映画があります。あの映画にはそのあたりがよく描かれていて、若い男が車いすの女性と愛し合うわけです。それが最後に、別の、すごく明るい、ひまわりみたいな女性に乗り換えちゃうんですね。

私は「妻夫木！　これでいいじゃん！」と思ったんです。そして、その主人公である車いすの女性も、現実をちゃんと認めて、自分で生きていく。素晴らしい映画です。共依存的関係から離れるための教科書みたいな映画です。

共依存的な人にどう対処するか

そうなると、「共依存的な人にはどういうふうに対処すればいいのか」と思いますよね。やっぱり、あんまり近づかないほうがいいです。

相手にそれを気づかせたりすることはほぼ不可能です。「自分は関わらない」「私はそばには寄りたくありません」そうやって、離れて距離を取る技術を身につけていくことが必要です。

そういう人たちは、距離を取られてることに敏感なんですよ。いつも周囲に触手を伸ばしているからです。ミツバチと花の蜜にたとえると、ここに蜜がありますって花芯を出してるとミツバチがやって来るんです。でも、距離を取って「ここに蜜はないよ」という態度をつづけると、意外と近づいてこないものです。それは、自分が距離を取られていることがわかるんだと思う。

ですから「私はそういう共依存的な人とできるだけ距離を取りたいです」という信号を、意図的に出すようにしたほうがいいのではないかなと思います。あとは、そういう人たちを見て研究するのもひとつですよね。「こうやって自分を必要とする存在を見つけるのか、なるほど！」ってね。

†共依存的になってしまうとき

逆に、自分が共依存的になっていると思うときはどうしたらいいか。

自分は大丈夫かな？と思う、つまり自覚した加害者性は、私はたいしたことないと思ってるんです。一番怖いのは、無自覚な加害者性ですから。だから、「自分は加害者性を自覚しているから、無自覚な人の半分以下の害だ」と思っておけばいい。

自分のやったことを弁護するときに、必ず「悪気があったわけじゃない」と言うでしょう？　でも、悪気がなくてやるのは、最悪なんですから。悪気があるほうが、ずっといい。「自分は共依存的だ。だからこういうことをしてしまった」と思ったら、自覚があるだけマシと思っていただきたいですね。

私も含めて、この世に生きているかぎり、誰に対しても加害をせずには生きていけません。いつも誰かを傷つけているんです。それを自覚してるかどうか。「加害者にも被害者にもなりたくありません」なんて、ムリだし、ありえない。昨今流行《はや》りのスローガンほどムカつくものはないですね。

†被害者は無力化されているのではない

ここから、すこしDVの話をします。

DVの加害者のなかには、女性にとってかけがえのない存在になることで、支配・所有するタイプがあります。殴らなきゃDVじゃないとか、怒鳴らなきゃDVじゃないと言われてますけど、それはDVの、ごくごく「低次元」の支配なんです。

2018年には目黒で、2019年には野田で女児の虐待死事件が起きました。何も知らない良心的な人たちは口をそろえて言うんですよ。「なんで、あんな男のそばにいたんですか？　子どもを連れて逃げればいいじゃないですか」私がいちばん傷つくのが、こういう発言です。

離れないでいることを、ＤＶの専門家たちはこう説明します。「無力化されている」と。「あの人たちはＤＶで無力化されている。だから逃げられないんです」

私は最初から、この説明が釈然としない。これは、そうじゃないと思う。

†権力は状況の定義権

ＤＶの夫は、妻が反論できないようにしていくんですね。「君にとっての世界は僕だよ。僕は正義だ。僕の言うとおりにこの家族は動いていくし、僕が白と言えば白だし、僕が黒といえば黒なんだよ」と。

いろいろな手口があります。植木鉢で、花を綺麗に咲かせてる植物があるとしますね。そうするとＤＶでは、「僕と一緒に生きる？　僕は君がいないと生きていけないんだよ」みたいなこと言うわけです。結婚すると、その男性はその女性を鉢から抜いて、自分の鉢に植え換えるんです。養分は、ぜんぶ男性の鉢から吸うことになる。曲がりなりにもそれまで自分の鉢で生きてた人が、根っこを引き抜かれて、「僕の言うことが養分なんだよ」「水をあげるのは僕だけなんだよ」というふうにして、変えられていく。生きる「世界」が「夫の言う世界」になっていく。

ミシェル・フーコーは「権力は状況の定義権である」と言いました。もうちょっと簡単に言うと、「権力を振るう」というのは、殴ったり、蹴ったり、物を投げることじゃないんです。「いまの状況を定義できるのは、僕だけ」というのが、権力なんです。

経験ある方はおわかりだと思いますけど、家族のなかに一歩入ると、すごく変なことが正しくなっちゃったりするでしょう。いちばん驚いたのは、うちに帰るとみんな裸になるという家があって、よそから見たらすごい変な家族ですよ。裸族じゃないんだから。だけど父親が「家族じゃないか。うちでは包み隠さず、みんな裸で生きるんだ」と言ったら、父の状況の定義が、裸で生きる家族という世界をつくってしまう。

ですからDVの被害者たちが逃げられないのは、逃げるということが、宇宙船から、真っ暗な宇宙に飛び出るようなものだからです。身がすく

権力は状況の定義権である（フーコー）

んじゃうし、怖い。そういうときに限って、夫が「俺も悪かったよ」みたいなことを言って、また元に戻ったりする。

こうやって彼らは、パートナーにとってのかけがえのない存在になるんです。まるで造物主のように。自分こそが世界を定義し、その女性の言ってることの「正しい、間違ってる」も全部決める。

†支配の根幹

これは、支配の根幹を言い表しています。したがって共依存というのは、この世の支配とは何かを、よく表しているんですね。

つまり、荒々しい暴力なんかふるわない、あの母の支配こそが、この世の支配を一番よく表してる。

殴って骨を折るとか、そんなのは誰が見ても支配です。私から言わせると、支配としては非常にレベルが低い。まあ世の中、レベルの低いものから扱っていくというのが法則ですから。身体的DVは死んじゃうかもしれないので、緊急に逃げなきゃいけないですけれど。

いちばんの曲者は、世の中から「すばらしい」と称賛されているものです。女性のアルコール依存症の方に何人もお会いしてきましたが、彼女たちの夫の持つ、何とも言えない「気持ち悪さ」を感じてきました。「この人、本心では妻に酒やめてほしくないんだ」と思ったりすることもありました。

怖いですよね。妻が酔って、もう何もできなくなると、本当にかいがいしく面倒見るんですよ。それはたしかに愛情かもしれない。世の中的には「よくやる夫ですね」と褒められるかもしれない。でも、何もできない酔った妻から全面依存されることの満足感に浸る彼らの姿に、「いかがわしいもの」を感じてしまうんですね。

4　複雑化したトラウマ

この共依存的支配＝愛情と見分けのつかない形の支配というのは、どこから生まれてくるのか。あらゆる支配の背後にトラウマ的なものがあると、最近は考えています。このようなトラウマのことを、「CPTSD（複雑性PTSD）」と呼んでいます。Cは、Complex のCですね。

単体のPTSD、たとえばある一回の出来事でトラウマを受ける、これはわかりやすいです。だけど家族のトラウマは、繰り返し日常化して習慣的に起こる。そうすると、「どれがトラウマになりましたか」と聞かれたときに、「あのときのあれ」と言えない。ほこりが積もるみたいに、気がついたら重なっている。こういうのが、CPTSDというものです。このCPTSDと共依存に、強い繋がりがあるんじゃないかと思います。

PTSDの診断基準は、「再体験」「解離・麻痺」「過覚醒」の三つを満たすことです。

このなかでもわかりやすいのが「再体験」だと思いますね。いわゆるフラッシュバックと言われるものです。「侵入的想起」と言って、勝手に思い出してしまう。これが「再体験」です。

「過覚醒」というのは、神経が過敏で興奮状態になり、イライラしたり疲れてしまったり、不眠や悪夢に悩まされる状態になることですね。

†苦しみと鈍感さ

ここで私が注目したいのは、「解離・麻痺」です。これが、共依存と深い繋がりがあるんじゃないか。

なぜかと言うと、自分の問題でカウンセリングに来る方たちは、ちょっと問題発言かもしれないですけど、「上質な方たち」なんですね。「上質」というのは、「自分のこういう行動を変えなきゃいけない、そして自分のうちに何が起こっているのか知りたい」という意識を持っている、くらいの意味です。

ところがなかには、娘や息子がカウンセリングにやって来るのに、母は全然関心がないという人もいるんですよ。

「アルコールに問題のある父との関係で苦しみつづけた母になんとか幸せになってもらいたい」こう語る娘に対し、母は「別に」みたいなかんじなんです。娘に言われたので来ましたが、正直私は今の状態を変える気はありませんと、その顔に書いてあるのです。

あの女性たちは60歳70歳になってから、鈍感で、どこか麻痺したような生き方をしている。なぜ、あんなどうしようもない女性に成り果ててしまうのかと腹立たしくなることもあります。

でも、私は基本的に女性の味方なので、そんな女性たちを切って捨てることはできない。本当に苦労すると、人は鈍感にならざるを得ないんです。やっぱり彼女たちの苦労も影響してると思うんですね。

自分が受けた苦しみによって鈍感になり、何かが麻痺した母たちは、娘が生きようとしてる芽を自ら摘《つ》んでしまうこともある。それを、簡単に「世代間連鎖」なんて、言いたくないと思います。

女性であるために受けざるを得なかった苦しみを生きてきた。その結果、面の皮が3センチぐらい厚くなったような女性になってしまったのかもしれない。そのことを、肯定はしたくないですけど、一種のCPTSDの自己治療だととらえることで説明可能にしたいと思っています。

ありふれている共依存

このように、日本の女性たちにとって、共依存というのはありふれています。それは「正しい」ことになっていますし。介護の世界とか、小学校の保護者会とか、だれかのために何かをする場に行くと、いまでも共依存的なものが価値を持ちます。

そういうとき、できれば、他者をケアするということは、一方でCPTSDの自己治療にもなっているかもしれない、と考えていただきたい。「自分が『こういうふうにしてもらいたい』と思うことを人にしてあげなさい」みたいなこと、偉そうに言う人いるじゃないですか。それはそのとおりなんですけど。

なぜ他者をケアすることが気持ちいいのか

だけど、どうして他者のケアをすることが、気持ちいいのか。それは、相手を弱者化できますし、自分は強者の立場になるからです。かけがえのない存在になることで、自分はあたかも相手にとって神に等しい地位に上りつめることができる。

これは、苦労ばっかりで、誰からも認められず、夫から一人の女性として扱われることもなく生きてきた女性にとってみたら、この上ない自己治療というか……。

アディクションは自己治療であると、最近よく言われます。酒を飲むのか、薬を打って束の間の自己治療するのか。それとも、かいがいしく他者のケアをして自己治療するのか。

社会的にはどちらの地位が高いかといえば、それは他者のケアをしたほうがいいに決まっています。私たちはそれでお金をもらってるぐらいですから。

†支配性を自覚する

だから、「いいことやってる」と思ったら危ないんです。ケアにまつわる支配性を、よく知らないといけない。

他者のケアをしたら「今日はどうだったんだろう……自己治療にはなってるけど、支配になってないか。なってたらごめんなさい」ぐらいの自覚がないと、共依存は危ない。

なぜか。

世の中で言う「普通」とか「当たり前」、「世間は」とか「みんなが」というのは、私たちに暗に「共依存的であれ」ということを言っている。とくに女性に。男性はそれ以外のことも期待されますけどね。

女性はこれ以外（共依存的でない）のことをやると、風当たりが強くなったりする。悲しいかな、2020年代のいまも変わらない。

最後に。依存はよくないと思ってる人がいますが、これは誤解です。依存は悪くありません。

大事なことは、依存をさせる人がどういう人か、です。「依存は、依存させる人の問題」なんですよ。それは、依存をさせるように仕向ける人がいるからです。そして他者に依存されることですごく安定する人もいるから。

だから、「自分が依存的だ」と自分を責める必要はありません。依存したい人は、どんどんすればいいと私は思ってる。ただ、依存されたときに、そのまま依存を受け入れるかどうかはこちらも選べますからね。依存する人を受け入れる人がいるから、依存は成立すると思う。ここも、共依存の重要なポイントです。

第3章 母への罪悪感と自責感

このテーマには、あまり自信がないんです。というのは、いろんな文献や学説をみてみると、母への罪悪感を扱ったものがほとんどない。子どもが親に罪悪感を抱く、そのことじたいがあんまり言われていないんですね。あとでとりあげますけど、数少ないもののひとつが、精神分析家の古澤平作《こざわへいさく》が日本に紹介した「阿闍世《あじゃせ》コンプレックス」です。

母への罪悪感は、実は何通りもあって、いくつも重なったものがある。したがって、とても複雑な内容になっています。だから、今回はあまりすっきりしない結末になるかもしれません。

ポイントとしては、「複雑さに耐える」ということが必要だと思います。これは、オープンダイアローグでよく言われる言葉からのパクリです。セイックラというフィンランドの臨床心理学者が、家族療法などから作り上げた哲学プラス方法論ですね。斎藤環さんが熱心にオープンダイアローグを紹介されたことから、日本でも実践が広がっています。そのひとつの柱が、「不確実性に耐える」です。

どうしても私たちはやっぱり白か黒か決めたくなる。「Aの原因はBなんですよ。

だから、「こうしましょう」と言われると、すっきりする。

宗教がそういう役割を果たしてるところもあります。ですが、私たちは大脳を持って生まれてきましたし、言葉があるし、白も黒も両方捉えることができる。

にもかかわらず、SNSなどで断定的な言葉ばかり目にしていると、曖昧なままに複雑な現実を受け入れる力が、だんだん弱ってきてる気もします。ですから、今回は複雑な内容に耐えて話を聞いていただきたいと思います。

1　近代と母性愛

原宿カウンセリングセンターの来談者の主訴を見ると、夫婦関係と親子関係が2トップなんです。夫婦関係の多くは、DVの問題。親子関係の問題は、子どもに問題が起きてる、もしくは親との関係がうまくいかないというものです。

そして大きいのがACの問題です。95年12月にオープンして以来、ある時期までずっとACがトップでした。つまり、自分はACだと、親からある種の被害を受けてきたと、こういうふうに考える方の来談が、原宿カウンセリングセンターを経済的にも支えてくださった。

そして私自身も支えてくださった。ACの方とのカウンセリング、そして今も続いているACのグループカウンセリングで学んだことが、私の柱になっています。

†母と娘に関する3冊

『母が重くてたまらない』が出版されたのは、2008年です。3年後の2011年には、『さよなら、お母さん』という続編が出版されました。

この2冊で私が書いたことは、「母への罪悪感はつきもの」であるということです。母を批判し、母と離れようとしたときに、罪悪感というのは、かならずコインの裏と表のようについて回る。

だから、これは「必要経費」ではないかと書きました。「娘は母から自由になるための必要経費を払ってるんだ」と。

だけど、それだけで足りるのかなと思って、2011年には、もう1冊『ザ・ママの研究』（よりみちパン！セ）という本を書きました。

これはいま表紙を変え、中身も書き足して、増補新版として出ています。中学生の男の子女の子を対象にしたもので、非常にわかりやすい言葉で書いてあります。

親から離れるには、憎むだけでもなく、恨むだけでもない。距離をとるためには何が必要なのか。必要なのは母親研究であると。いま読んでも、そんなに違和感がない本です。

対象が中学生だったから、「研究」と私は当時呼んだんです。その後、熊谷晋一郎さんや「べてるの家」を中心として、当事者研究が広く知られるようになりました。私は、当事者が自分で自分のことを研究するのが大事だと思っています。

ところが母との関係で苦しんでいる娘たちは、自分というより自分の母を研究するのです。そして親を超えて、「ドローン的視点」を獲得する。ドローンは、地上からずっと上がって、今まで見たこともない風景を見せてくれますよね。

このように母について研究することで、ドローン的な位置取りができること、それこそがほんとうの意味で、お母さんから自由になり、離れることだと思います。
この3冊で、私自身は、母と娘の関係に対する考え方を深めてきたことになります。

†罪悪感の正体

母への罪悪感は、ほとんど誰からも理解されないんですね。平気な顔をしていると、「感じなさすぎだろう」なんて逆に責められたりする。なんでこんなに罪悪感に苛《さいな》まれるのか。もういちど、きちんと基礎から考えてみようと思います。

罪悪感は、もともとギルティ guilty と言って、キリスト教の言葉です。神に対して、私たち人間が等しく原罪を負っている、ということですね。

では、宗教がないと言われてるこの日本において、罪悪感はどこから来るのか。母が、神様みたいなものなのか。

私は、その正体は、世間もしくはいわゆる「普通である」という常識だと思っています。同調圧力の中で私たちを包んで押し潰そうとするものが、実は罪悪感の正体じゃないのか。

そうした空気、世間、常識、マジョリティの意識は、どこから来るのか。このことを考えるにあたって、申し訳ないですが、臨床心理学とか心理学の本は一切参考にならなかった。

非常に勉強になったのは、田間泰子さんの『母性愛という制度』(勁草書房、2001年)です。これには、母性や実子主義が明治以降に構築されたということが書いてあります。

もうひとつはもちろん、フェミニズムの本です。

近代家族と言われるものがいつ成立し、どのような特徴があるのか。ACの問題に取り組みながら考えていて、やっぱり家族の成り立ちを考えなきゃいけないと思いました。

それで、1999年ごろから、東京大学大学院で上野千鶴子さんの研究室のゼミに、ずっとモグリで、部屋の片隅で勉強させていただいたんですね。

何が私にとって大きかったか。

罪悪感の正体は世間や常識からの同調圧力

私たちが普通の家族と思っている、父がいて母がいて自分がいる。そしてそれぞれには祖父母がいるという家族が、実はすごく新しいものだったっていうことですね。そして、「血のつながった親子」という言い方が一般的になったのも、明治維新後であることがわかったんです。

†つくられた家族像

そしてさらには、母性愛。こんなものが素晴らしいと言われるようになったのも、明治以降でした。中世の歴史の本なんか読むと、日本はいまと全然ちがうんですね。『母性愛という制度』によると、明治政府は、日本の国家の中枢である家族を盤石にしていくために、いろいろな工夫をしました。

大久保利通や伊藤博文は、ヨーロッパで多くを視察してきただけあって、女性対策が一番の根幹だとわかっていたんですね。だからこそ、母を大切にするとか親孝行とか、そういうかたちで女性を持ち上げて、そのじつ家族に縛り付けていく。そして、子どもは親の言うことを聞くように、と。

牟田和恵さんの『戦略としての家族』（新曜社、1996年）によると、明治憲法ができる以前と、できてからの教科書とは、親子の図が違います。

それまでは、縁側でお父さんの爪切ってるそばで、息子がいたずらをしているといった親子像だった。それが、明治憲法ができると、床の間を背にして、髭を生やしたプチ明治天皇みたいな父親が、紋付袴《もんつきはかま》で座り、息子がその前に手をついて頭を下げている、というものに変わっていく。

われわれが当たり前と思っている親子像というものも、多くは日本の近代化とともにつくられ、ある種、教え込まされた家父長制度によるものと言えます。

養子も当たり前でした。出来の悪い息子よりも出来のいい養子のほうが、家にとってはいいですから。

それが明治以降、妊娠しなければ駄目、実子を産まなきゃ駄目となり、血縁重視、「血のつながった家族」礼賛、不妊の人が差別されるようになるんですね。

†母性愛のふたつの柱

田間泰子さんの本によれば、母性を成り立たせる、三つの条件というものがあります。

・女性は、みんな母親になるものだ
・母親は実の子どもを愛するものである
・子どもは、みんな実のお母さんの愛を必要とする

これらがいわば3点セットになって、母性というものが構築されていくわけです。そして母性愛は、「愛」と「自己犠牲」のふたつを柱にしています。

母性愛の柱は「愛」と「自己犠牲」

愛って、よくわかんないものでしょう？「こんなに愛してるのに」って相手から言われても、全然愛されてる感じがしない。そんなこと、いっぱいありますよね。

もうひとつが曲者、自己犠牲です。映画でもドラマでも、母親が子どもを抱いて海

を渡っていて、助けの船が来たときに「子どもだけは」と言って自分は沈んでいきますよね。

この親の愛と自己犠牲を「要りません」と言った途端、私たちは人でなしになるんです。「自分の命を捨ててでも」というものほど、強いものはないですから。

母が「あなたのために」とすべてを犠牲にするのを、要らないと言った途端、その子どもはもう、人間じゃないと批判されます。

「あなたのためにやった」「娘だけが私の生きがいだった」「あなたに立派な人間になってもらうことだけが私の希望だった」などなど。ほんとに重い、濡れ雑巾のような言葉ですね。

こういうふうにお母さんに言われた娘は、物心ついたときからも母の期待や、母の幸不幸すべてを背負うことになります。囚人が足に鉄環《てつわ》をつけて、ゴロゴロ引っ張って歩くようなものです。

そこには母の愛と自己犠牲というものが潜んでいる。

2　母のミソジニー

†精神分析にとって女とは何か

母の愛というものが、子どもにとってどれだけ重いものか。私が読んで、たいへん感動した本をご紹介します。

『精神分析にとって女とは何か』（福村出版、2020年）。編著者は、西見奈子さん。共著者でもある松本卓也さんから送ってもらいました。日本の精神分析において女性がどういうふうに扱われてきたのか、ある意味ではものすごく勇気を持って書かれた本です。

フロイトのエディプス・コンプレックスは、簡単に言うと、息子が最初の愛の対象である母を性的に欲望する。しかし、父親が途中で入ってきて、これは自分の女だというふうに言う。そういう父を息子は殺したくなる。父殺しのことです。

これは、ギリシャ神話のオイディプス王の物語をベースにしています。ギリシャ神話はおもしろいですよ、ドロドロドロドロして。ギリシャ神話の世界からこの21世紀まで、人間はずいぶん進歩したんだなと思いますね。

エディプス・コンプレックスは息子の物語で、そこに娘はいない。このことが70年代の第二波フェミニズムでは激しく批判されて、多くのフェミニストである精神分析家たちが、フロイト理論を娘の立場からもう一回とらえ直そうとしました。

†阿闍世コンプレックス

日本では、エディプス・コンプレックスに対して「阿闍世コンプレックス」という概念が登場しました。変換では出ない字ですね。阿闍世は、アジャータシャトルという古代インドの物語に出てくる王様の名前です。

日本の精神分析家の元祖のひとりは、古澤平作という方です。1930年代のウィーンで、じっさいにフロイトに師事しています。戦争中も一貫して、たったひとりで分析を続けていた方です。

古澤さんが、日本人特有のコンプレックスを阿闍世コンプレックスと呼んだわけです。簡単に言っちゃうと、「お母さんが女だって？　そりゃないだろう」という話です。

「お母さんはお母さんでいてよ。あんたも女だったのか」と怒った息子が、母親を殺そうとするんですね。ところが、お母さんは「そうだったのか」と言って、その自分を殺そうとした息子を許して、無償の愛で息子を包もうとするんですよ。息子には悪臭をはなつ腫瘍《しゅよう》ができてしまうんですが、それを献身的に看病する。病気もよくなる。それで息子は母を許して、めでたしめでたし。こういうお話です。

古澤の説を大きく広めたのは小此木《おこのぎ》啓吾《けいご》ですが、彼が亡くなってから、新しい説が出たりして学説が何度も変わっています。ここではわかりやすく話してますので、正確なものは、『日本人の阿闍世コンプレックス』（中公文庫、1982年）などの文献を読んでいただければと思います。

エディプス・コンプレックスでは、父親が強大な存在でした。でも、阿闍世コンプレックスでは、家族のなかに父がいない。原典はちがうんですよ。それでも、父を不在ということにして、母と子の物語にしている。小此木説だと、母子間による赦しが強調されています。でも原典では、外から来たひとによって解決されるといいます。

ポイントはふたつですね。父の不在、そして母子のみの関係。

†受け継がれる母性信仰

多くのカウンセリング理論や心理療法の理論では、最近「愛着（アタッチメント）」という言葉がものすごく大きな意味を持つようになってきています。

「虐待を受けた子どもは、適切な愛着関係を幼い頃に形成しそこねているから、思春期や成人してからいろんな問題が起きてくる」こういう語られ方をします。この場合の愛着というのは、ほとんど暗黙のうちに母が想定されてるんです。

さすがに男女共同参画の時代ですから、母とは直接書きません。だけ

阿闍世コンプレックスの特徴は父の不在と母子のみの関係

どやっぱり、産み、授乳し、そして育てるといった多くの役割を担っている以上、愛着といったとき、母がやっぱり出てくるんですね。阿闍世コンプレックスにあるような、固定された母親イメージが、21世紀の今でも脈々と受け継がれているわけです。ある人が言いました。「日本の男性は大人になりたくない。ずっと子どものままでいたいから、母親を非常に大きな存在として持ち上げるんだ」

極論かもしれませんが、DVの加害者プログラムで、彼らが妻に対して何を求めるのか聞いてると、「まんまお母さんじゃん」って思うときがあります。

妻だったらわかってくれるだろう。言葉にしなくてもいいだろう。妻だったらここまでしてくれて当然。自分を受け入れてほしいっていう、果てしない承認欲求の対象が妻なんですね。

背景には、明治以降から脈々と受け継がれてきた母性信仰というものがあると思います。いまはあまり言われなくなりましたけど、90年代から2000年代の初めはよく、男性の精神科医に子どもの問題で相談に行くと、「だって、あなたお母さんでしょ」って言われたといいます。私が彼女の立場だったら、「は？　それが何か？」と言いたいですよ。

こういう母親イメージが日本中に、男性だけではなく女性にもインプリント（刻印）されている。精神分析の基礎理論の中にも、日本的なものとして母性が埋め込まれていることを、再認識させられた思いです。

†ミソジニー

では、娘はどうなのか。はっきり言って、母は、勝手に「無償の愛を供給しろ」と言われてるわけです。妊娠して子どもを産んだ途端に、なぜか子どもには無償の愛を提供しなきゃいけない。供給者にされてしまうんですよね。

母という地位の安泰さを身につけることにもなる一方で、そんなこと、たまったもんじゃないです。母たちは、どんなにがんばってもゴールはない、表彰されることもありません。そんなふうに、勝手に無償の愛の供給者とされてしまうことへの恨みが、どこかにあると思うんですね。

これは、娘に向かうんです。「私は自分を犠牲にしてるのよ。常識に殉《じゅん》じた人間なのよ」という思いは、被害者意識に満ちています。「勝手に無償の愛の供給者にされてしまった。どうして?」という思いは、同性である娘に向かう。「こんな理不尽さを生きている私は、あなただけがのうのうと自由に生きることを許さない」これは女の苦しみを娘も味わうべきだという呪いです。

これは、ミソジニーそのものです。上野千鶴子さんの『女ぎらい』(朝日文庫、2018年)という本をぜひ読んでください。これは一般的には、男が女を差別することを言います。「女なんて」「やっぱ女は劣ってるよな」という男のミソジニーを、実は女性自身も内面化していることを指摘した本です。

女性自身もミソジニーを内面化している

同じ女なのに、どうして女は女の味方をしないのか。そう思うことは、いっぱいあります。私は、それだけはしたくないと思って生きてきました。ACのグループで、お母さんからどんな眼差し、どんな言葉を受けてきたかを聞くと、母親のミソジニーに震え上がるほどです。

「どんながんばったって、女は女なんだよ」「あんた女のくせに、なに生意気なこと言ってんのよ」こんなことを、母から実際に家で言われてるんですよ。

こうやって、女性の自己嫌悪の呪いは脈々と受け継がれていく。そう思うと慄然《りつぜん》とするというか、本当に残念で仕方がない。こういうものと無償の愛がセットになっているんです。

3　母性愛と罪悪感・自責感

罪悪感と自責感については第5章でも述べますが、ここでも少し整理してみましょう。

罪悪感とは、自分の外部にある規範にそむいていることから生じるものです。人間としてあたりまえとされている事柄、たとえば盗んではいけないとされているのに他人のものを盗んでしまったときに生じる感覚です。

たいして自責感は、自分を責めてしまう感覚を指しています。そこには、規範にそむいたからといった理由は存在しません。

自分を責めるとは、自分にすべて責任があるという感覚で、裏返せば「みんな自分のせい」という、非合理的万能感にも通じるものです。

ここで、母と娘、親と子を例にとりましょう。

母を重いと感じるのは、世間の常識という規範にそむくから、罪悪感を抱くようになるのです。

しかし、そもそも母を支えている、母の幸・不幸は自分のせいであるという感覚がなければ、母が重いなどと感じることはないでしょう。母が幸せになるために生きる娘は、母への責任をぜんぶ背負っているのです。

自責感とは、背負わなくてもいい責任（親への責任）をずっと背負ってきた人が抱くものなのです。

自己犠牲や無償の愛が、どういうふうにして娘の罪悪感、さらには自責感へと繋がっていくか。

無償の愛こそ母の愛であると、母親が言うわけです。つまり、「私はすべて、あんたのためにやってきたのよ」と。

そうすると、娘がそれを内面化する。母があああいうふうになったのは、私のためである。裏返すと、私が母をあのようにさせた、母が不幸なのは私のせいである。これが頭の中で図式となって、絶えず自動再生産するわけです。

自分がイエスかノーかと言う前に、「あなたのために」と言われてしまう。自己決定が許されず、すべてを背負えと暗黙のうちに強制される。

これは娘からすると、いつのまにか背負わされてる、巨大な負債感なんです。たとえが悪いかもしれませんけど、気がついたらサラ金で1000万借金してたみたいな。

自責感の大きな源は母への負債感

母に対して、存在そのものが負債になっている。負債である自分は、そもそも生まれてはいけなかった。このことが、自責感のひとつの大きな源になっているように思います。

†反出生主義

関連して、反出生主義という思想の潮流をご紹介しておきます。「出生することが悪である」「子どもを産むことそのものが悪である」そういう考えです。南アフリカ共和国のデイヴィッド・ベネターが書いた『生まれてこないほうが良かった』（すずさわ書店、2017年）が、反出生主義の代表的なものです。

哲学者の森岡正博さんが『生まれてこないほうが良かったのか？』（筑摩選書、2020年）という本のなかで、こういう思想に対して、反論を試みています。そうじゃない、生まれてきたことは良かったんだと。それをどうやって論理的に展開するか、生命哲学の観点から書かれています。

この「生まれてこないほうがよかった」というのが、自責感の一番の本流と一般的には考えられています。

†虐待の影響としての自責感

臨床心理学では、虐待の影響のひとつとして、子どもの自責感をとらえます。これはそんなに難しい説明ではありません。

お母さんお父さんというのは、自分を一番愛してくれるはずの存在です。その親から、なぐられたり蹴られたりする。口を開けば「死ね」とか、こういうことをずっと言われつづける。

そうすると、自分の存在そのものが、親にとっては害悪以外のなにものでもないという感覚がデフォルト（初期設定）になるんですね。

そもそも自分は、この家にいてはいけない。自分に用意された空間なんかない。いつもお邪魔である。酸素吸ってすみません。こんな家の中にいさせてもらって申し訳ありません。こういう感覚です。

そうなると、自分が存在してることは「お母さん、お父さん、ごめんなさい」なんですね。こんな私は消えたほうがいいですよね、という自責感。こういうものが虐待の影響であるということが、ＰＴＳＤとは違う文脈でだんだんはっきりしてきた。

90年代から、アルコール依存症のお父さん——ほとんどお父さんでしたけど——お母さんのもとで育った人の生育歴を聞いてきました。ACの人たちは、そういう環境で育っているということが、アルコール依存症の勉強をして初めてわかるんです。

身体感覚も頭のスキーマも、「この世は自分がいちゃいけないところ」という前提で動いてます。毎日DVを見せられて、殴られてきて、そのなかで自分が生きるには、「自分が余分なもの」「自分は害悪である」と思って生きるしかなかった。それがわかったときに、初めてACという言葉が腑に落ちるんですね。

うつが出てきたりするのは、それが腑に落ちてからです。もちろん、その前からうつ状態の人もいますけど。絶え間ない自己否定の感覚で、もう苦しくてたまらないみたいなものが残ったりすることもあります。

†母性愛なんてものはない

ACとか毒親とかいう言葉が一般化する前は、たとえばクリニックに行ってそういう話をするとですね、医者からは妄想扱いされたり、作話《さくわ》＝嘘でしょって間接的に言われたりして、なかなか信じてもらえなかったんですね。

なぜ信じられなかったのか。

それは、日本の親子、家族の基本的な考え方が、大前提としているのは母性であり、母の愛だからです。母の愛イコール無償の愛であるという価値が、明治維新後150年ぐらい経って、社会の隅々まで、日本全国に行き渡ってるっていうことですね。

母性愛なんてものはありません。

人間ってそういうものでしょうとか、母性愛がないのかなどと言っちゃいけないいんですよ。それがどう時間をかけて、歴史的に私たちに埋め込まれてきたのか考えないといけない。

4　第三者の介入

ここまでは、母に対する罪悪感と自責感を、虐待のメカニズムから説明してきました。

もうひとつの罪悪感への説明は、母親に期待されている役割によるものです。母はすべてを受けとめる、何をされても受容すべきという考えですね。子どもは、時には母がなんでも受けとめてくれていることに対して、罪悪感を抱かざるを得ない。

よく親に対して暴力をふるう人たちがいますが、ふるわれてる親は、ふるってる子どもの側の罪悪感はほとんどわからないんですよね。

ここまで一生懸命訴えてるのに、母はわかってくれないのかという絶望感。その絶望のあまり、殴ってしまったことに対する罪悪感。そしてため息をついて、どんどん暗くなっていく母を見て、こんなに母を苦しませる自分はなんてひどいやつなんだ、という罪悪感を抱く。そして苦しくなって母に暴力をふるう……。

このような悪循環のサイクルを摂食障害者の自助グループでは「ぐるぐる」って名づけてます。頭のなかでぐるぐる考えつづけて、最後に行きつくところが暴力だったりするんです。

阿闍世のところですこし話しましたが、ここでポイントになるのは、罪悪感というものは、第三者の介入によって救済されるということです。

やっぱり親子の問題は、親子だけ、まして母と子の二者だけでは、私はもう絶望的だと思う。そこには第三者の介入がなくてはいけない。

†最良の第三者は、父であるべき

これは私の持論なんですが、最良の第三者は、本来は父であるべきなんです。

ところが、『母性愛という制度』には、日本は、「父の不在」という名の父権主義であると書いてある。仕事でいないからとか、仕事忙しいからという不在はわかりやすい。でも、ちゃんとそこにいるのに、母と娘がワーッと言い合いをはじめると、とたんにお父さんはモアイ像みたいに石像化する。

家族の難しいことからは責任逃れをして、そのくせ自分は犠牲者ぶった顔をして、なおかつ既得権益は手離さない。こういうやり方が日本の父権主義です。

DVの加害者プログラムでも、アメリカでは、多くは夫から妻への嫉

罪悪感の救済は
第三者の介入によってなされる

妬によるものが多いのに、日本では自分が一生懸命家族のためにやってるのにそれを理解されないことに対する怒りが主流だったりする。

日本は、父権主義ではないような顔をしながら、そのじつ、自分の思いどおりにしたい。妻を女と思ってないので、嫉妬なんかしない。こういう父の存在の仕方は、私は日本独特だと思います。

娘もしくは息子から母への罪悪感の背後には、父がまったく機能しないということも、私は付け加えなければいけないんじゃないかと思う。

「娘には娘の人生がある。言いたいことがあれば、夫である僕が聞くよ」と正面から妻と向かい合っていれば、娘から母への、もしくは息子から母への罪悪感は、すこしは軽減されたはずです。

このように、罪悪感を母と子だけの物語にしてはいけない。ケアをしてこなかった父親たちにも責任があるということを、私は強調したいと思っています。

†キーワードの整理

ここでのキーワードを、最後に整理しますね。

ミソジニーという言葉は、使いでがあります。いわゆる女性差別の言葉なんですが、実は女性も男性の視点を内面化させている。内面化するというのは、すごくいい言葉ですよね。取り込んでるということです。

つい最近までのテレビドラマでも、50年代60年代の古い日本映画でも、嫌になるぐらい男目線なんですよ。あれをみんながこぞって見てたということは、いかに女性たちも男目線で自分を捉え、同じ女性たちを捉えていたかっていうことですね。

最近、第4波フェミニズムというものが、若い人たちの間に言われています。それは女性の目で女性を見る。女性だけではなく、性的マイノリティや、さらには男性も、抑圧から解放しようというムーブメントです。新しい人たちのとても素晴らしい潮流だと思っています。

ミソジニーと対になるのが、ホモソーシャルという言葉です。さきほど紹介した『女ぎらい』という本で何度も参照されているのが、セジウィックの『クローゼットの認識論』（青土社、1999年）と『男同士の絆』（名古屋大学出版会、2001年）です。簡単に言えば、じつは男は男が大好きで、そこから女性は排除される。だけどホモセクシュアルへの嫌悪のために、つまりホモではない証明のために女性と結婚するのだと書かれています。裏返せば、女性は結婚して初めてホモソーシャルな社会に参入できるのです。納得ですね。

そしてもうひとつ、「個人的なことは政治的である Personal is Political.」という言葉。フェミニズムの本を読むと、必ず出てきますね。

家族ほど政治的なものはない

私がお話ししてきたのは、ごくごくパーソナルな自分と母との問題について語るということが、社会の問題、歴史の問題、そして政治的な問題でもあるということです。

政治とは、力関係のことです。そういうふうに考えるとね、私は「Family is Political.」だと思う。家族ほど政治的なものはない。

親子3人いればすごいでしょう。子どもを取り合ったり、母と娘でお父さんを馬鹿にしたりね。こういう、お互いが尊重し合うというよりも、どっちが上か下か、強いか弱いかだけで動いてる家族の多いこと。

だから、ポリティカルを、現実の政治ではなく力関係というふうに考えると、個人的なことは、やっぱり政治的なんですよ。

そして、反出生主義。虐待された人たちの言葉を聞いてると、「もうそもそも私がこのように生まれてきたことが間違いだったんですよ」なんていう人も珍しくないんですけど、これがひとつの哲学の思想になってるっていうことは、興味深いことですね。そして、この思想がいま人気があるということは、どれだけ多くの家族が虐待的だったのかと思います。

最後に、母性愛は制度＝作られてきたものである。これを知るだけでも、自分は母性愛がないから人間失格だなんて自分を責めることはないということになります。

自分は子どもがあんまりかわいくない。仕方がないですよ、それは。でも、がんばってその子に対して、いろんな意味で大切にしようと思うということは大事なことです。そのがんばりを評価したいですね。

反出生主義の本にも、書いてありました。目の前にとっても弱い人がいたときに、思わず助けたくなる。これが人間の文化であり、人間の権利であり、尊厳であると。

そうすると、かわいいかどうかは別にして、赤ちゃんが泣いてると何とかしなきゃと思うのは、母性愛というより、母親の尊厳なんですよ。愛という言葉を使わなくても、十分に私は人は人を大切にできると思う。親鸞みたいになりますけど、そういう意味で、最も弱い人ほど救われるべきである。

親戚一同で10人とか15人集まって、生後2カ月の子がいると、その子が全員の注目を浴び、その場を支配しますよね。か弱くて命が危うい存在こそもっとも大切にされるという光景に、人間の希望を感じたりもします。

第4章 逆算の育児

第3章では、娘の立場から、お母さんとの関係をどう考えるかをお話ししました。ここでは一転して、親の立場から、子どもをどういうふうに育てるのか。もしくは、育児をどういうふうに捉えるのか。こういうことについて、お話をしたいと思います。「逆算」という言葉を、聞いたことがない方もいらっしゃると思います。算数で言うと、答えから逆に計算していくということですね。

1　子どもとは何か

2019年に『後悔しない子育て』(講談社)という本を出しました。育児論を書くつもりはなかったんですけど、なんの弾みか、こういうことになってしまいました。私は育児の専門家ではありません。ですから、こういう本を書く資格があるのか、わかりません。しかし、「誰が専門家の資格があるのか」「育児の専門家ってどういう人なのか」を考えると、意外と、子どもしか見てないひとも多いんですね。

子どもがじっさいに育つ場である家族については無頓着なのに、「子ども、子ども」と言っている。だから、「お母さんはこうすべきだ」「やっぱり母親でしょ」みたいな母性神話も多いわけです。

私のようなカウンセリングの立場から書いている人はあまりいないと思って、こういう本を書いたわけです。

†アルコール依存症とフェミニズムの合流

アルコール依存症の援助に、1970年代から関わってきましたが、80年代に入って初めて私は、アルコール依存症の本人ではなく、その人たちの妻——当時私たちは「アルコール妻」と呼んでいましたが——とカウンセリングを通して出会いました。自助グループ、保健所といった医療から離れた場所で、本人ではなく家族に出会うことができました。そのあとでAC、共依存という言葉がアメリカから入ってきました。

このように、アルコール依存症の本人に対する関心から、その周辺の家族へ、そしてその夫婦のもとで育つ子どもへ、アルコール依存症の夫のそばで身を粉にして、夫に酒をやめさせるために苦労をする妻たちへと、関心が拡大していったわけです。

それと並行して、私は70年代からフェミニズムに関心を持って、いろいろフェミニズム関係の本を読んでいました。

ただ、それは私の中で2本のレールみたいに、かたやアルコール依存症、かたやフェミニズムと並行していて。「線路は続くよ。どこまでも」みたいに、そのふたつがあんまり交わらなかったんですね。

私的な経験としてはフェミニズム、仕事としてはアルコール依存症。

私的にはフェミニズム 仕事はアルコール依存症

それがはっきりつながったのは、1985年ごろ、女性のアルコール依存症に関わるようになってからです。アルコール依存症の女性たちのグループを担当しながら私のなかで、女性としての生き方、それから依存症、それから家族への関心みたいなものが一体になる感覚がありました。

それにつけても、「どうして同じ女性なのに、摂食障害者のお母さんたちは、その娘の苦しみがわからないんだろう」とか、「どうして同じ女性なのに、女性に対して非常に意地悪なのか」とか、当時の私にはあんまりよくわかんなかったんです。

90年代のはじめの孤立

少しずつわかってくるのは、ACという言葉によってでした。1989年にクラウディア・ブラックの『私は親のようにならない』(斎藤学監訳、誠信書房)というACの本を分担して翻訳したときには、ぼんやりとしかわかっていなかったと思います。ACという言葉を手にして、アルコール依存症の父、その妻である母のもとで育った人たちと実際にカウンセリングでお会いするうちに、「やっぱりこれだ」と思った。つまり、「親の愛、母の愛って、ちょっといかがわしいんじゃないの?」という気持ちになったわけです。

これが90年代の初めです。当時はバブルの名残もあり、臨床心理学の世界は、まったく別の展開をみせていました。河合隼雄による深層心理学が共感を呼び、心の井戸を深く掘るといった個人の内面重視の傾向が強かったんです。

だから、私は完全に臨床心理の同業者の間で孤立していました。正直に言えば、同業者という意識もなくて、当時のアイデンティティはソーシャルワーカーだったんですね。遅まきながらいまは公認心理師というアイデンティティを持っていますが、もともと臨床心理学にどっぷりという感じはなかったわけです。

†ACの親のように、じゃない育児

私が育児論を書こうと思ったのは「答えがもう出ている」からです。

どういうことか。

ACの人たちの、親になってからのなんとも言えない「生きづらさ」というか、表現のしようがないものを起点として「この人たちは、本当はどういう親子関係を望んでいたのか」を考えていくと、ひょっとして育児論が書けるかもしれない、と思ったのです。その人たちの現在を答えとして、そこから遡っていく、つまり逆算するのです。

当初は『逆算の育児論』というタイトルで出したかったんですね。ところが、担当の方からちがう提案があったので。私はそれを引っ込めて、『後悔しない子育て』として出版したわけです。

「ACの親の反対。じゃない行動」をすれば、わりといい育児ができるんじゃないか。そういう逆算の視点が、この本の中にあふれています。

前提として、私が対象としている子どもは、中学校2年生くらいまでです。子どもの発達の大きな転換点が、小3と中2なんです。

よく「反抗期」とか言いますけど、私は反抗期という言葉はあんまり使わない。だってこれは、親が「反抗」してると勝手に決めつけているからです。子どもは自己主張してるだけかもしれないでしょう。親が自分の思いどおりにならない子どもを「反抗」と決めつけるのは、へんですよ。

子どもは、どんどん自分一人で生きていく力をつけていきます。そのひとつの転機が小3ぐらい。親に秘密を持つようになるんです。だから、子どもが親に秘密を持ったら「バンザイ！」と思わなきゃいけない。

†子どもという存在

母にとって、子どもとはなにか。

母である自分を必要とする存在です。授乳しなかったら死んでしまうわけです。生存をかけて必要としてくれる存在って、おそらく多くの人にとって初めてだと思います。

もうひとつ、子どもは親をケアしてくれます。母親が悲しそうな顔をしていたり、疲れた顔をしていたり、ため息をついたりすると、「ママ、大丈夫?」って。

ACのグループでいっぱい聞かされましたが、学校から帰る道々、どうやったら母を喜ばせられるかだけを考えている。道ばたに咲いている花を一輪摘んで、「ママ、これ、きれいでしょう?」って言えば、母の顔がぱっと明るくなるんじゃないかとか。勉強をがんばっていい点をとれば、母は10秒間ぐらい幸せそうな顔をしてくれる。だから勉強がんばろうとか。

さまざまなかたちで、子どもは親をケアします。そこには、「ケアする」という意識もない。自分を養育する人が壊れたら、自分も生存できなくなるから。自分が生きるために、母をケアするんです。

母にとってみると、子どもは、生まれて初めて自分を必要とし、ケアしてくれる存在なんです。親にあまりケアされた経験のないひとにとっては、とくに。

時には、子どもは「自我の延長」にもなります。わかりやすく言うと、「自分の一部」になるということですね。

「食べてしまいたいくらいかわいい」という言い方がありますが、子どもをかわいいと思うとき、非常に動物的なものが入ってくる。ギュッと抱きしめて窒息させたいとか、ちょっと狂気のようなものが湧いてくる。

さらに言うと、子どもが「いたい！」って泣いてると、自分まで痛いような気がしてくる。この感じは、自分と他人というより、あたかも子どもが自分の一部のようだといったほうが近いんじゃないかと思います。

この感覚がおそらく、現代の脳科学で言うオキシトシンに通じる、一種の快楽にもなっている。子どもを産んで育てるという、あんな大変なことを駆動するひとつのモチベーションになってるんじゃないか。

そして、子どもは親にとって一種の解放区でもあります。親が子どもを一生懸命育てることの裏側には、「親の自分が何をしてもいい存在なんじゃないか」という考えがあるのではないか。

何を言っても何をしても、どんなに叫んでも、許される。このことが虐待につながっていく。

育児の危うさをまずは考えてみる

この解放区というのは、自分の延長であることと裏表の関係なんです。子どもが何かしたとき、わがことのようにつらいということを裏返すと、子どもには何をしてもいいというのが張り付いている。この二面性を、やっぱり知っておかないといけない。

やっぱり、育児ってすごく危ういですよね。虐待を避けるということが、非常に難しいように思えます。

2　親の言葉による支配

母親に限定すると、ミソジニーの問題があります。

実はこのミソジニーというのは、男性だけのものではないんです。私たち女性のなかにも、非常に強い。そして、同性のミソジニーが、一番たちが悪い。

女性として、もしくは人間として、あるいは学歴・職歴についてのコンプレックス――まあコンプレックスのない人間なんかいないですけど――こういうものを持っている。そして、人生ですごく悔しい思いをしてる。

こうした、ミソジニーやコンプレックスや悔しさや挫折感を、ときとして子どもという存在は、一瞬ですが、解消してくれるんですね。

†親の暴言

親が子どもに向かって、どんな言葉を吐くか。私が聞いた言葉ですよ。

「どうせあんたなんか女だから」
「しあわせになんかなれないよ」
「自分の人生自分で決めろ、でも女だからね」
「自分で選んだんだろ、親のせいにするなんて」
「世間がなんていうか、親が笑いものになるんだよ」
「ぜんぶあんたのためにやってるんだから」
「自立しろ、親のせいにするな」
「文句があるなら出ていけ」
「そんなことするとまわりのひとが迷惑でしょ」
「そんなことばっかりやってると最後はホームレスだよ」
「どうして親を怒らせるんだ」

すごいですよね。こういう名（迷）言を、親はしばしば子どもに吐きます。「いまの学校が、ほんとにいやなんだよ」と言うと、「自分で選んだんでしょ。親のせいにするなんて、ずるいじゃん。あなたが行きたいって言ったから、あの学校行ったんでしょ？」とか。じつはその学校を選ばせるように、巧妙に仕組んだにもかかわらず。こういうふうに「自己選択の責任はあんたにあり、親に不満を言うなんてお門違いだ」みたいなことを言われたりする。

一番よく聞くのは、教育虐待そのもので、子どもの自由を奪って勉強を強いたのに、志望校に娘や息子が落ちたときに「よくがんばったね」って言うんじゃなくて、「世間がなんて言うか……私が笑いものになるんだよ」みたいなことを言われる。

そして最後は「私がやってることはね、ぜんぶ、あんたのためなのよ」と。これはもはや定番ですね。

†自立という言葉

これは父親に多いんですが、弱音を吐くと、「自立しろ」と。すぐに「自立」って言うんです。私はお父さんのグループもやっていたんですが、引きこもってる息子のことを「いつまでも自立ができないんですよ」とおっしゃる父親に対して、「このグループでは「自立」という言葉を使わないでください」と言ったりしました。

内心では、「そういうあなたは自立してますか」と問いたいですよ。そこまで言うと攻撃的になっちゃうので、ぐっとこらえますけど、自立という言葉ほどワケのわかんない言葉はないんですよ。それこそ熊谷晋一郎さんの「自立とは依存先を増やすこと」にしたがえば、「自立する」＝「依存しない」ではないわけです。

自立とは依存先を増やすこと（熊谷晋一郎）

「文句があるなら出ていきなさい」これはDVでも、よく聞きます。出ていけないってわかってて言うんですから、卑怯ですよね。日本の政府の批判をすると、SNSで「反日だ、この国から出ていきなさい」というのと、同じです。

あとは、すごくひどいこと言ったあとに、「でもね、こんなこと言ってくれるのは親だけだからね。他人はね、思ってても言わないんだよ」って言う。すごく手が込んでますよね。私も芸術的だなと思って聞いたりしてます。こんなに手のこんだ言葉は、アートでしかありません。

†人に迷惑をかけずに生きることはできない

もうひとつ、育児の定番。「そんなことするとまわりの迷惑でしょ」公共交通機関に乗りながら、騒ぐ子どもにこういうふうに言う母親を見ると、私はもう呆然とする。どうして「静かにしなさい」だけじゃいけないのか。「おまわりさんに言いつける」ならまだしも、まわりの人のせいにするなんて。私は、子どもを育てるときに「人に迷惑をかけないように」とは、一言も言わないようにしました。

それは私の信念で、私たちは人に迷惑をかけずに生きることはできないと思ってるからです。だから、それだけは言うまいと思ってきました。もちろん、男だから女だからってこともタブーですけどね。

これも実際にあった例ですけど「そんなことばっかりやってるとね、最後はホームレスだよ」。こういうふうに、親に言われてきた人がけっこういるんです。

この世の中には、天国と地獄しかないって感じなんですよ。だから勉強しなきゃいけない。ホームレスにならないためにも、塾に行って勉強しなきゃいけない。恐怖をモチベーションにさせるんですね。すごい親だなと思います。これは、のちのちその人の人生に深く影響します。

親の差別感が子どもに植えつけられる

†家族と差別

タワーマンションには高層階と低層階があります。信じられないんですけど、低層階や、別の低層のマンションに住む子どもと遊ぶと、あんまりいい顔しないんですよ。「なんで?」と子どもが聞いたら「あんな人たちと住む世界が違うのよ」と言う。いまも起きていることですよ。

私の持論なんですが、差別を生み出すのは家族だと思う。親の差別感が、子どもに植え付けられるんですね。

そういうふうに考えると、こういうことを言われて育って、でも実際に自分は絶対に差別をしないと思って生きてる人が多いのは、すごいなと思います。

加害と被害をひっくり返す

そして、これはDVでも定番です。「どうして俺を怒らせるんだ」「どうして俺に殴らせるんだ」これ、巧妙じゃないですか？　怒ってる夫や親が問題なのに、怒らせてる子どもが問題だと、加害と被害をひっくり返している。

これをひっくり返せるのは、力のある側です。力のない側は、そういうことを絶対に言えません。子どもが親に「どうして僕を怒らせるの？」なんて言わないでしょう。これは、家族というものが、親から子へという権力、夫から妻へという権力が複合的に絡まり合った集団だからこそ、起きることです。

こういうことを言われながら育ってきたことそのものが、すごいことだなと思います。身に覚えのある言葉があるとしたら、自分は過酷な家族だったんだなと思っていただければいいと思います。

ここで、ひとつキーワードがあります。「共依存」という言葉です。第2章でも書きましたが、これは誤解されていて、ひどい男とくっついて、いつまでも面倒見て離れないのは「共依存」みたいな言い方がされます。だけど、私はそういうふうには考えません。

共依存は親から子へ起こるもの

むしろ共依存は、親から子へ起こるものであると考えています。子どもは、純粋な目をして、お母さんの言うことぜんぶ受けとめて聞いていますよね。そんなに正面から自分の言葉を受けいれて聞いてもらったことがない人が、いっぱいいるんです。

そうすると、親が子どもに依存するようになります。「子どもをカウンセラーにする」「子どもにケアさせる親」「ヤングケアラー」など。いろんな言い方ありますね。夫が自分に関心を払ってくれない、友達もいない、孤立している。そういうなかで唯一子どもだけが自分に関心をもってくれ、いつもそばにいるのです。

でも親は自分が子どもに依存してるとも思ってませんし、「自分がいい親だから子どもはこうしてくれる」ぐらいに思うわけです。すごい思いあがりなんですよ。でも、いつかあるとき、子どもが成長すると、「これはあんたのためを思ってやってんだよ」という親の言葉が「愛情という名の支配」に思えるときがやってきます。

†普遍的な価値を利用する支配

親の言葉というのは、反論・抵抗を封じるんです。「あなたのために」やってるんだから、それを「いりません」と言った途端に、愛情を拒否する、どうしようもない子どもになってしまうわけですね。

「あなたのために」は、ものすごいパワーの言葉なんですね。だから、この言葉もあんまり使わないほうがいいいいと思います。

昭和の時代、志村けんさんが「カラス、なぜ泣くの？　カラスの勝手でしょ〜」と言って大ウケしたことがあります。子どもの世話も、すべて「私の勝手でやっています」というのが、一番よろしいんじゃないかと思います。

ケアや世話や愛情という、誰もがひれ伏すような価値にまつわるパワーを利用するのが母の支配というものです。「こんなに一生懸命やってやってやってんのに」と言われると、子どもは申し訳ないと思いますよね。こうやって、家族のなかで無敵な存在になっていく。こういう支配のことを共依存というふうに言います。

共依存というのは支配です。娘や息子に依存してるように見えて実は支配してるということがポイントになります。

3　幸せでいる義務

ここで、被害者権力・弱者の権力性と母の愛について、考えていただきたいと思います。

自分の被害を認める。これは、ものすごく大事なことですが、つらいことでもあります。自分がみじめに思えるからです。だけど、被害者の立場にずっといつづけると、それは一種、権力化していくこともある。

私はその典型を「母の愛」に見ます。自己犠牲というのが、母の愛についてまわるんですよ。それは、自分から進んで犠牲になったというよりも、やむを得ず犠牲にならざるを得なかったということですね。

変な言い方をすると、女性であるというだけで、すでに恨みがあるし、不平等だという思いもある。それを主張すると、ときには被害者権力のように受け止められて、バッシングされることもある。

†抑圧移譲

ところが、母の愛は違うんですよ。犠牲者のままでいられる。子どもからしたら、母の不幸というのはすべての不安の種なんですね。お母さんが不幸であることほど、子どもにとって苦しいものはない。だから、自分が自己犠牲を払って不幸でいるかぎり、子どもを味方に引き入れることができるんです。

こういう、母の愛のたくらみみたいなものが、弱者の権力性につながっていくんじゃないかというふうに思います。

被害者は、自分より弱いひとを支配する。女性の集団見てるとわかりますよね。男だって、会社組織見てると、上司から何か言われたら、部下にまた同じようにします。これを私は政治学者・丸山真男の言葉を引用して、「抑圧移譲」と呼びました。

抑圧を上から下へと順番におろしていく。よくわかるのは軍隊です。「日本の兵士は戦争で死んだ」のではなく、多くは日本に見捨てられて、6割が餓死したなんて学説もあるくらいです。また近年、日本の兵士のPTSDが問題になってますが、その多くは上官からの激しいいじめによるものです。

抑圧を受けたら、それをもっと弱いものに移譲していく。これが、日本という国のあり方です。

†強迫的なケア

もうひとつ、被害者は支配するだけじゃなくて、強迫的にケアを与えることがあります。ときどき聞く話ですが、DVでシェルターに入った女性が、自分よりあとから入ってきた被害者の面倒をやたらに見ることがあると。この現象は、深く考えるといくつもの要素が混ざっていて、ケアを考える際のヒントを与えてくれます。夫から殴られてる妻が子どもを味方に引き入れて、今度は子どもを盾にして、夫から自分を守ることもあります。

国際政治を見てればわかりますよね。ロシアとバルト三国とかEUとか、いろんな国家の関係と家族のそれがいかに似ていることか。

親のひとりと子が共通の敵（もうひとりの親）に対して味方になることを、家族療法では「同盟化 alienation」と言ったりします。こういうふうに、政治の世界の言葉をつかうと、家族関係がクリアに見えてきます。

最近目につくのが「お願いする親」なんです。子どもに命令することに、すごい怯えがあるんですよ。

これは親だけではなく、保育士さんとか幼稚園の先生にもあります。子どもに対して丁寧語で「ご飯食べてください」とか「静かにしてください」とか、これは何だって思ったりしますね。先生の場合は、まだいいんですよ。

とくに父親に多い気がします。子どもが騒いでると「しー。静かにしてください！」って言うんですよ。子どもは全然聞きやしない。そうすると、「お願いしてんのになんで言うこと聞かない！」って逆ギレして怒鳴ったりする。

「馬鹿丁寧なお願い」と「キレる」。南極と北極を行ったり来たりしてる感じの、親の対応が増えてるんじゃないかというふうに思います。

私はやっぱり、いけないことは「いけない」と言うべきだと思っています。「それはいけません」「やめなさい」「これは○○しなさい」というふうに。

子どもと親は対等ではないという前提をもつ

これは命令といえば、命令です。なぜか。

それは親のほうが強いからです。子どもと親は対等ではないですよ。人権という意味では対等ですけどね。

でも、あたかも対等であるかのように「お願い」とか「○○してください」というのは、まやかしではないか。ちゃんと命令して、はっきりと物を言うのが怖いから逃げてんじゃないか、というふうに思います。

だから、はっきりと、「それはいけません」と言わないと駄目なんです。これが、躾ですね。

子どもの前では幸せでいる義務がある

もうひとつ。親になったら、少なくとも子どもの前では幸せでいる義務があると思います。これは、義務ですね。

母と娘のことで講演に行くと必ず出てくる質問があるんです。一番覚えてるのは北陸の某県で、「先生、なんで娘に愚痴っちゃいけないんですか」って聞かれたんです。「私は、午後3時を過ぎると、ずっと時計を見てるんです。娘が学校から帰ってくるのをいまかいまかと待ってて、帰ってきたら「おかえりなさい」って言っておやつを出して、それからはずっと娘に話を聞いてもらいます！」と。さすがに会場の人から「それまずいでしょ」みたいな意見があったんですが、彼女は納得できないようでした。私が「まあまあ、まあまあ」みたいになだめる感じになって。

その方にはていねいに説明しました。娘をお母さんの愚痴の「ゴミ箱状態」にするのはよくないんですよ、と。「夫にも言えない、誰にも言えないことも娘だったら言える。だから、1時間くらい、ずーっと話してる」彼女のあまりにも正直な言葉を聞いて、ため息が出ました。私の講演を1時間半聞いたあとでの質問でしたからね。

それ以外にも、ずっとお母さんの話を聞いてきた人はあまりに多くて、びっくりします。ACのグループで生育歴を発表していただくと、母親の育ってきた環境をじつに緻密に話す方が多いんです。小さい頃から寝物語みたいに、1話、2話、3話と母の歴史をずっと聞かされてきてる。

お母さんのおじいちゃんやおばあちゃんの戦争体験や、親戚のおじさんの事業の話とか、スピンオフみたいにぜんぶ物語を系統立てて暗記してるんですね。母親は誰にも聞いてもらえなかったことを、毎晩娘に語って聞かせたんですね。すごいと思いました。

†閉ざされた家族

あるNPO法人の主催で、10代の子ども向けに話をする機会がありました。事前質問がいっぱい来てたんですが、それを読んで腰が抜けるくらい驚きました。

男の子も女の子も、すごく多かったのは「僕なんかこの家にいないほうがいいんじゃないかと思いますが、どう思いますか」「私がいるからこんなにママは苦しんでるんじゃないか」という質問でした。もうひとつ多かったのは「母はかわいそうなんです。どうやったらお母さんを幸せにできますか」。

21世紀になっても、令和の時代を生きる10代の男の子や女の子は、こういうことを考えながら生きてるんだと。私は、ますます家族が閉じてるなと思ったんですね。

孤立してるという意味じゃないですよ。閉じてるというか、閉じるしかない。親戚づきあいも少ないでしょう？『世界の中心で愛を叫ぶ』という映画がありましたが、その子たちにとっては「世界の中心にお母さんがたった一人」って感じなんです。

お母さんが関心を示してくれない。自分を無視する。もしくは愚痴ばっかり言ってる。そうすると、その子どもは「自分がこういうふうに存在しているから、母の不幸が始まってるんじゃないか」と思う。

†幸せなふりをする

じゃあ、幸せなふりをしていいのか。嘘をつくのか、演技をしろと言うのか。

そうです、そのとおりです。演技をしてください。「演技しても、見抜かれるんじゃないんですか」と思われるかもしれませんけど、もちろん見抜かれてますよ。

でも、フリをしてくれることで子どもは救われるんです。どうせわかってるんだから、むきだしでいいでしょ、それはまずい。園子温という監督が『愛のむきだし』という映画を撮りましたけど、やっぱりね、むきだしはよくない。

だから親になったら、少なくとも子どもの前では幸せでいる義務がある。言い換えると、幸せそうな演技をする義務がある、ということです。

子どもが寝てから泣けばいいじゃないですか。SNSで友達とグループで愚痴をワーッと言い合うこともいいけど、子どもに対してそれをやるのは、まずい。不幸をむきだしで、ため息ばっかりついてるとかね。それは、子どもにとっては過酷だと思います。

愚痴と負の感情を分ける

愚痴と負の感情は分けたほうがいいです。

愚痴は、ある意味で吐き出すようなところがあります。負の感情というのは、漏れ出ちゃったりする。それは仕方がありません。でもわざわざ負の感情をむきだしに見せちゃいけない、これはなかなか難しい。「今日、疲れてるんだ」は、かまわないと思います。

いちばん良くないのは夫の愚痴を子どもに垂れ流すことです。１９９０年代からずっと、「夫の愚痴は子どもに言うな！」と言ってきてるのに、あまりにも多い。ほんとによくないですね。

だから負の感情はできるだけ抑えなきゃいけないけど、出てしまったものは仕方ない。翌日に機嫌よくしてればいいだけの話です。体調が悪いのも仕方がないですね。「体調悪くても、ニコニコ笑って元気にしなきゃ！」とは思いません。

4　とりかえしはつく

子どもは、なんでそんなにしてまで「自分が悪いんじゃないか」「ママを幸せにしたい」と思うのか。それこそが、自責感の本体です。

理由はシンプルです。生存がかかってるからです。生きるか死ぬか、だから。

さっき「閉じてます」と言いました。世界の中心に母がいて、母がご飯を作り、母が洗濯をし、自分のあらゆるケアをしてくれる。それは、母が自分の生存を支えているということです。これは乳児の頃からそうですね、実際に。

そこに、母以外の、たとえばおじさんおばさんがいる。ときには世話好きのお父さんがいる。優しいおばあちゃんおじいちゃんがいる家庭ならば、世界の中心にその他のひとがいることで選択可能性が広がりますけど、いまのように閉じてしまうと、狭い部屋で母だけ、ということになる。

その母の状態次第で、世界は地獄になり、壊れかねない。だから母を支えなければならない、自分のために。それでも母が不幸なら、それは「自分のせいじゃないか」「自分の存在そのものが悪じゃないか」と自分を責めるしかないのです。

だけど親は、そのことをわかってないんですよ。よく言いますよね。「ママ大好き？」とか、「パパとママどっちが好き？」とか。この質問の残酷さというか、これは絶対やっちゃいけない質問だと思うんですね。

子どもが「ママ大好きだよ」と言って、「ああ、私がいい母だから……」と思ってもかまいませんが、それは当たり前のことです。子どもという、無力で小さな存在が生存するためには、養育者である母がこの世にいないといけないのだから。

†子どもの恐怖

子どもは、母親が消えちゃうんじゃないかという恐怖を、どっかで抱いてるんです。「いないいないばあっ！」が典型ですね。つまり、目の前にいないとき母が消えてる。消えたと思ったら存在した。消滅した！　存在した！　このスリルで子どもは笑うんです。

お風呂でおなかの手術の痕《あと》を見せて、「ママ、もう死んじゃうかもよ」と言う母親の話をよく聞きます。そうすると子どもが、途端におびえた顔して「ママ！　死んじゃダメ！」と言う。そのとき、母親の脳にはオキシトシンが出るんですかね。ああ、この子は私しだいでどうにでもなるという快感なのかも。

子どもが親を思う
気持ちのほうが強い

私はいつも、子どもが親を思う気持ちのほうが、親が子どもを思う気持ちよりもはるかに深く強いと思っています。親の愛は、海より深く山より高いというのは嘘です。子どもが親を思う気持ちは、ほんとうに海より深く山より高いと思ったほうがいい。

あともうひとつは、子どもをケアするとき、そのなかに必ずパターナリズムが忍び込んでいる。このことを自覚していただきたいと思います。

パターナリズムというのは、「相手と自分の意思は一緒だという思い込み」と、「自分は善意と良識に従った行為をしている」のふたつからできています。

「親の言ってることは、要するに全部正しい」「自分は良識ある親だし、善意でやってるんだ」

ひょっとしたら、子どもを殴り飛ばしてる親もこう思っています。なぜならば自分は親だから。そして、自分が思うことは、子どもも思ってることに違いないと思う。「子どものことは私がぜーんぶ、わかっています！」という、あの根拠のない自信満々さです。

†子ども以外の存在から支えられること

じゃあ、どうすればいいのか。

自分が話せる相手、それから同じ状況を共有する、そして愚痴を聞いてもらえる相手を持つということですね。

ある夫婦は、子どもが寝てから「愚痴タイム」をつくって、スマホで30分タイマーつけて、妻の愚痴、夫の愚痴を言い合うそうです。愚痴は、自分のことでも無批判に聞く。それを1時間やってから、ちょっと晩酌して寝るみたいな。そういう夫婦もあるそうです。愚痴を子どもに垂れ流すより、はるかにいいと思います。

子ども以外の存在から支えられること。これを考えなきゃいけない。

親は、子どもに支えられてる自覚もないんですよね。逆転しちゃってますから、自分が支えてると思ってる。でも、自分が支えるのは義務ですから。威張ることでもなんでもない。

もうひとつは、孤立しない。子どもにケアを求めてしまいがちになりますからね。子どもの考えてることは、親ではあまりわからないことが多いと考えてほしい。小学校の三年ぐらいから親への秘密が始まりますから。小学6年になって、日記を親がこっそり読む用と自分用と2種類書いていたという人もいます。

なんとか健やかに子どもに育ってもらおうと思ったら、子どもは透明な存在（すべて理解できる）ではないととらえ、自分の背後に、自分を支えてくれる存在をつくることでしょう。

配偶者であれば一番身近だし、安上がりだし、一番確実です。それは理想といってもいいでしょうね。そういう配偶者でなかったとしても、SNS上の仲間でもいいし、ひょっとしたらカウンセリングでもいいし。

大事なことは、自分の話を批判せずに聞いてくれる場が私たちには必要だということです。したり顔して、「あなたのわがままよ」とか偉そうに助言するような友達は、いないよりはいいけど、無批判に聞いてくれる存在が大事じゃないかと思います。

†子どもが許せない気持ち

子育てをしていて「あぁ！　許せない！」と、子どもが許せなく感じることもあるかと思います。じつは、これが虐待に繋がったり、世代間連鎖に繋がるわけです。

一番多いのは、「私、こんなことされたことない。こんなに大事にしてもらって、こんなに関心を集めて、みんなに微笑んでもらった経験、私にはないのに。なんでこの子だけこんな思いしてんのよ！」という思いが湧いてきちゃう。

自分が虐待的な環境で育ったと思ってる人に、よく見られる現象ですね。じっさい、そのときに思わず「ずるい」って言ってしまう。一歳ぐらいの子どもですよ？「私なんかこんなことしてもらったこともないのに、あんたはこんな思いしてありがたいと思え！」みたいなこと言いながら、体拭いてやったり。虐待の背景としてはよく言われることですね。

逆に、自分がしてほしかったのにしてもらえなかったことを、子どもにしてあげるのを負担に感じたりもします。

これは、負担に感じて当然です。やってる自分が偉いと思っていただきたいですね。そうやってお子さんを育てることに、私はほんとに敬意を払いますね。そういう方が多いので、希望を感じます。

あとは、自分がいけないと思ってるのに、体が覚えてるみたいな感じで、ふっと気づいたら自分がされていたようにしてる。身体的虐待だけじゃなくても、言葉でも。自分の母と、同じことを言ってたりする。

それは、残念ながら起きることです。私は、世代間連鎖は必ず起きるわけではないという説ですけどね。でも、そういうことがあるのは認めなきゃいけないし、そうしてしまったときにどうするかという問題ですね。

子どもに腹を立てることもあるし、母と同じようにひどいことを言ってしまうこともある。そういう自分を認めなきゃいけない。

大事なのは、そのあとです。そのあとどうするかで、私は決まってくるような気がするんですね。

†とりかえしがつかないことはない

はっと気づいたら、即座にその場で「ごめんね。こんなこと言っちゃって。ひどいこと言っちゃったね、ごめんね」と、まずは謝る。フォローをするんです。虐待の影響は、フォローされないということで、大きくなるんじゃないかと思います。

なかには、ひどいことしておいて「ごめんねごめんねごめんねー」と言って、またひどいことして「ごめんねごめんねー」と言う。それこそ天国と地獄を行ったり来たりするなかで、虐待する本人が混乱してしまうという例もありますけど。

それでも、母親が真剣な顔してね「ほんとにごめん。こういうことは二度としないよ」――まあ、するけど――「お母さんがんばるから。ほんとにごめんね」と言ってくれたことで、自分のされたこと、一種のトラウマティックなものが、そんなに深い傷にならないこともあります。

トラウマの研究が進んでいて、同じ経験をしても深いトラウマになってしまう場合と、そうじゃない場合があることがわかってきています。子どもが小3だろうが中2だろうが大学生だろうが、「もうとりかえしがつかない」ようなことはないと私は思いたいですね。こうやって私の話を聞いてるみなさんは、虐待について、いろんな知識があるわけですから。

そういう知識を駆使していけば、自分がなにかやってしまったことに対して、もうとりかえしはつかないというふうに絶望することはないと思います。過酷な言い方をすると、とりかえしがつかないと思ってしまうことは、楽なんですね。「あーもう駄目だ」って思っちゃったほうが、楽かもしれない。それは、白黒思考の楽さです。

謝り、フォローし、償う
とりかえしはつく

そういうなかでも、なんとか自分のやったことを謝って、フォローして、償っていく。これはDVの加害者プログラムでやることですけど、ほんとに大変なんですよ。だから、世代間連鎖と割り切ってしまうのはすごく安易な方法なのです。

第5章 なぜ人は自分を責めてしまうのか

この章のテーマは、「罪悪感と自責感――自分を責めるということ」です。資料をつくるにあたって、けっこう勉強してるんです。高齢になって忙しいし、体力もないのにもかかわらず。

勉強すると、このテーマに言及した論文、本がじつは非常に少ないことがわかりました。あるとしても、宗教学関係（罪責感）なんです。臨床心理学関係で、このテーマはほとんどない。空白地帯だったわけです。

1　自責感と規範の関係

まず、罪悪感と自責感という言葉は、区別したほうがいい。実際には、ほとんど一緒に、混乱して使われています。

どうちがうのか。

罪悪感には、最初に規範がある。人を殺しちゃいけない、人の物を盗んではいけない。そういう規範に基づいているのが罪悪感です。

もしくは、宗教の教義に書いてある。キリスト教的もしくは仏教的な戒律などに反するのではないかという感覚ですね。これをやったら、自分は戒律に違反してるんじゃないか、神の教えに背くんじゃないか。

キリスト教から言えば、そもそも私たちは罪人ですから。原罪を抱えて人間は誕生してるので、キリスト教の世界では、私たちは罪悪感とともに生きることになります。ですから、そういう意味の罪悪感は非常に幅広くて広範であり、むしろ「私たちが生きていること」＝「罪悪感を抱く」。これくらい一般化されて語られるものです。

†規範を取り込む

おそらくみなさんは、自責感のほうに関心がおありだと思います。

これは教義とか戒律に反するんじゃなくて、責めるのは自分なんです。自分で自分の存在を否定する。そして自分で自分を責める。神とか戒律

自責感と外部の規範にはほとんど関係がない

とか、外部的な規範はほとんど関係がありません。

考えてみたら、ものすごく残酷なことですよね。「存在してはいけないのに、私は存在してる」と思ってしまったり。もうちょっと言うと、「この地球上の酸素を吸う権利が自分にないんじゃないか。私みたいな存在が地球の一角に場所を占め、空気を吸い生きてることが本当は許されないんじゃないか」。そういう感覚ですね。これが、その人の存在している一番の底の部分にある。

だけど、私たちは社会の中で生きていくしかない。富士山の頂上でも、チョモランマの頂上でも、私たちが地球にいることは変わらない。そこで生きていくには、一定の規範を自分に取り込むことが必要です。それを総称して、「躾」と言います。

子どもが生まれたそのときから、その養育者は——親じゃなくてもいいですよ——これはやっていいこと、これはやっちゃいけないことというのを、植え付けていく。これが躾です。

なぜか。

この世に適応しなければ、私たちは生きていけないからです。この世に生きていく以上、社会に適応せざるを得ない。それが、躾の根本ではないか。

そう子どもには言えないので、これは間違ってること、これは正しいことというふうにして、教え込んでいく。

そして規範というのは、私たちが世の中で生きていけるようになることによって、正当化される。そういうふうに思います。

†規範の一貫性

その規範は一貫してなきゃいけません。「朝令暮改」という言葉があります。朝に法律をつくって夕方に変えちゃったら、何がなんだかわかんなくなります。ですから、規範というのは一貫してなきゃいけない。

だけどその規範には、ちょっとした逸脱が許される。だから、規範がゆるいことも大事。規範から外れる余白の部分もある。それによって、変な言い方ですが、規範の一貫性が保たれるんですね。

すごくきつい規範というのは、うまくいかない。ものすごく厳しくしちゃうと、かえって規範に反する人が出てきたり、規範に従うことでメンタル的に壊れてしまったりすることはある。

なので、規範というのは、例外を認めることが大事なんですね。ゆるいところもある。「まあいいか」というのは、規範というものの、とても大事な条件だと思いますね。

その規範を内面化することが、私たちの軽い罪悪感になります。とくに、自分で計画したことを自分で守れないって、すごい罪悪感ですよね。

私も勉強の計画を高校時代にたてたんですけど、1カ月しかもたなかった。それで、私はだめな人間じゃないかって思ったりしました。

まあ、わりとすぐ許しちゃったりしています。おかげで長生きしています。

規範の条件は
例外を認めること

2 「すべて自分が悪い」という合理性

さて、家族においてこの規範が一貫しない。いろんな意味で危機にさらされる。そして、その規範に伴う経験が語れない。これが、虐待と呼ばれるものです。

虐待家庭は、規範が一貫していません。ACの方たちによると、「同じこと言っても、1週間前はすごくけなされたのに、今日はすごい褒められた」。あとは、規範を一所懸命守ってるのに、命の危機にさらされる。もうわけわかんないんです。

あと、虐待家庭の特徴のもうひとつは、文脈化ができない。

文脈化とは、説明ということです。「どうしてこうなの？」と聞いたときに、「こうで、こうで、自分はこうなんだよ」と言えることが大事です。私たちの思考の基本になっているものですから、この文脈化ができるかどうかは大きな意味を持っています。ところが、虐待的な環境になると、一貫性がない、文脈化ができない。そのことで、もう絶えず、頭の中がカオスの状態に陥ります。

†感情を抱けない

そしてもうひとつ、感情という名前の付くものをなかなか抱くことができない。感情を口に出すと、必ず否定されるからです。

私たちもそうかもしれませんが、相手から「いま私はこう感じてるのよ」と言われると、ときにはすごい攻撃に思えたりするんですよ。たとえば子どもが痛いとか苦しいって言うと、その感情を出されたことによって、親が激昂する。子どものことが心配だから怒るって、親は弁明するでしょうけど。

子どもが「痛い」と言ったとき、親から「痛くないでしょう」とか「そんなはずないじゃない」とか言われると、子どもは「自分の感情は口にするとかならず否定される」もしくは、「自分がいま痛いって言った感情は間違ってる」というふうに、思うしかない。虐待的な環境では、自分の感情が何なのか、わからない。

ほかにも、たとえばお母さんが宗教に関わってたりすると、お母さんの許容する色があるんですね。今日は黄色がいいってなると、みんな黄色になっちゃう。だけど、その教祖からお母さんが「あなたのラッキーカラーは青です」って言われると、みんな青になっちゃう。

自分の視覚も、親によって左右される。自分の感覚がなかなか信じられないことになります。

†子どもの文脈

それ以外に、突然蹴られたり怒られたりする。これも文脈化できないものですね。子どもは子どもなりに文脈を持っています。おなかがすいたから、これを食べようとか。でも、突然ののしられたり、お父さんがお母さんを殴ったりすることがあると、子どもの文脈がブツブツ切られてしまう。

だから、虐待というのは、子どもにやけどさせるとか洗濯機に入れるとか、そういうことだけじゃないんですね。世界の構成そのものが、子どもにとって非常に過酷である。そういうなかを生きるしかないことを指します。

いまの法律では、子どもは親を離れて生きられないことになっています。虐待と児童相談所が認定すれば、あるいは保護が決まれば養護施設に入ることができますが、それだって、いつかは家族と再統合されるのが前提です。親に勝るものはない、そういう価値観は変わらない。

文脈のない世界を
生きるのが虐待

家から一歩外に出ると、学校でもどこでも「あなたを大事に思ってるのは親だけだよ」と言われるわけですね。

学校の作文で自分の家族について正直に書きなさいと言われて、「お父さんは毎晩私の布団に入ってきて私の体を触ります」と書いた方がいます。そしたら先生が「嘘を書いてはいけません」と怒った。それから、学校というのは学校の期待する自分を表明するところだと思って生きてきた人もいます。

どうすれば生きられるのだろうか。どこに向かって着地すれば、自分が自分でいられるんだろうか。

こんなふうに、明確には思いませんよ。だけど大人になって振り返れば、いつもぼんやりそうやって考えていたっていう人は、珍しくはないと思います。因果律不在のなかを生きるということですね。

「因果律」という言葉は、私はあんまり好きじゃないんだけど、リンゴを手からはなせば手から落ちるとか、低気圧が近づいたから雨が降るとか、これが因果律です。だけど因果律が、家族のなかでは通用しない。たいへんなことだと思います。

†たったひとつの合理性

そのなかを生きるのにどうしたらいいか。

それには、たったひとつの合理性があるんです。この言葉さえ自分で覚えていれば、そういうなかを生きることができるんです。

「すべて自分が悪い」

自分に包丁を向けられる。おじいちゃんかお父さんに首絞められそうになる。そういうときに、「自分が悪いんだ」と思えば、自分にとって説明がつくんですよ。

むかし「電信柱が高いのも郵便ポストが赤いのもみんなあたしがわるいのよ」という歌があったんです。知ってる人は、昭和の時代のある部分を生きた人だけだと思いますけどね。

私は、あれはよく虐待を言い表してる歌だと思う。昨日の黄色が今日は黒になったり、包丁が向けられたりするのも、ぜんぶ私が悪いんだって思えば納得できる。虐待的環境を生きるということは、自分の存在を否定することで、世界の合理性を獲得することなんですね。

すごいことです。自分を徹底して否定することで、世の中が説明できる。世の中はそれなりに合理的なんだ、なぜなら自分が悪いから。こういうことです。

「すべて自分が悪い」という究極の合理性

今日私が一番言いたかったのは、この点です。

こうやって生きる人が、何百人何千人とおそらくいると思います。でも、そんなこと口にしません。それを口にした途端、いろんなことが起きる。周囲の人や、親族から「人間じゃない」「そんなふうに親を悪く言うなんて、人格に問題がある」という目で見られるんです。

家族愛の、親の愛こそ救いだという価値で構成されている世界から放逐《ほうちく》されてしまいます。それは、暗い宇宙に漂うことにも等しいのです。それはまずいとわかるから、思っていても口にはしない。

母の不幸や父の不幸、殴られること、ぜんぶ自分が悪いんだと。自分が悪いというのは、イコール自分の責任ということです。これを、自責感と言います。

3　根源的受動性

自責感というのは自分を責めることなんだけど、自分に責任があると感じることも同じです。自分にすべての責任があるという感覚。

家族の中でもっとも小さく弱い存在の子どもが、ひそかに「自分の責任なんだ」「自分は悪い子だからなんだ」と思って、その家族の中を生きてる。それがいかに残酷なことか、もっと多くの大人は気づくべきではないかと思います。

†子どもは責任ゼロで生まれてくる

子どもは生まれさせられる。この事実を外してはいけないと思う。

いっとき産科の待合室に、「子はあなたを選んで生まれてくる」という本がいっぱい置いてあったそうです。それは言っちゃいけない、いちばんよくないと思う。

なぜなら、子どもは責任ゼロで生まれてくるんですよ。親は妊娠したから産むだけでしょう。つわりも苦しいし、出産も痛いし、子育ても大変だから、そこに大人がいろんな意味を、勝手に付け加えるんですよ。

子どもを産んだというのは、子どもは生まれさせられたということです。その結果「産んでくれてありがとう」と言われる子育てをすればいいだけの話です。

先日お亡くなりになりましたが、私がとても尊敬していた、評論家の芹沢俊介さんという方がいます。

彼は、子どもの「根源的受動性」ということを、ずっとおっしゃっていました。芹沢理論のひとつの根幹です。言い換えると、「ぜんぶ受身」ということですね。子どもは、何ひとつ選んでない。性別も、名前も、顔も、身長も。生命すら選んでいない。

この根源的受動性というのは、子どもとともに語られないといけない。芹沢さんによれば、子育てにおいて子どもは、「解決の見通しがない世の中に生まれさせられたんですよ、あなたは」ということを誰かに承認されなきゃいけないんです。

承認するのはだれか。第一は親だと思います。

こういう世の中だけど、私はあなたを産みました。あなたに責任はありません。産んでしまったことを、私はちゃんと認めてますよ。これを、「根源的受動性の承認」と芹沢さんは言っている。

だけど親は「産んでやった、ありがたいと思え」「お金をはたいて塾に行かしてやって大学まで出した。だれのお金だ」と言う。だけど、根源的受動性を考えたら、そういうことは言えない。言ってはいけない。

そういうふうに認めてもらうことで、芹沢理論によると「イノセンスの解体」が起きる。「自分には何の責任もない」それが承認されることで、はじめて「自分の人生は自分が主体なんだ」「痛い、お腹がすいたっていう感覚は、私のものなんだ」と、そういう自分を受け止められるようになる。

こう、芹沢さんは言っています。

愛着障害という言葉が流行ってます。この言葉は好きに使っていただければいいけど、愛着とは、本来はこの根源的受動性の承認を意味してるんじゃないかと思います。

愛着の正体は根源的受動性の承認

愛着という言葉は、世間的には、「ぴったりくっついたり、スキンシップしたり、そうすることで子どもは安定する」みたいに、ちょっと誤解されています。だけどそうではなくて、親は子どもを産んでしまったこと、それを認めることが愛着であり、子どもが、自分の人生を自分で背負えるようになる出発点なんですね。

†孤独感は高級な感覚

小児科医・精神科医のウィニコットは、子どもは誰かといるときにしか一人になれないと言っています。子どもはずっと一人でいたら、一人と思えない。

飛躍するようですけど、私は、依存症の人の話を聞いててそう思うんです。

アルコール依存症の人がお酒やめたり、薬物依存症の人が薬やめたりして、離脱症状も治まって生活も安定してきたときに、すごく寂しくなる。初めて自分が一人に思えて、孤独を感じられるようになる。つまり「私は一人だ」と思えるのって、ものすごい高級な感覚なんですよ。「孤独感にさいなまされてる。これは信田に言わせれば、ハイグレードなことらしいぞ」と思ってください。

だから、孤独は孤立とはちがう。孤独は、誰かと一緒にいることでしか生まれない。「結婚して初めて孤独を味わった」というフレーズが、結婚生活を批判する意味でよく使われます。だけどそうじゃなくて、結婚して、さまざまなことをともにしても、やっぱり私は私なんだと。これは、結婚が教えてくれる教訓なのかもしれません。

†虐待の罪

ここまでお話ししてきたことをまとめます。

フラッシュバックや悪夢があるていどおさまって、生活が落ち着いて初めて自覚されるのは、「自分はどうして、こんなに自分が悪いって思ってしまうんだろう」「存在してはいけないのに存在してるっていう感覚に襲われるんだろう」というものです。

この感覚は、ぼんやりとした希死念慮に通じると思うんですね。いつもどこかで、この存在を消してしまいたいと思ってる。これは、なかなか説明ができない。

でもお話ししてきたように、カオスの日常のなかで唯一自分が正気で生きるために、ぜんぶ自分が悪いと思ってきた。このことは、やっぱり根底に残ってると思います。

カウンセリングでよくお会いするんですけど、高いところに上がると、ふっと飛び降りたくなっちゃうから、絶対ビルの上にはいかないとか。電車を待ってるときに吸い込まれそうになるから、できるだけ列の一番うしろに並ぶとか。

これは、虐待の罪でしょうね。「究極の合理性」と私は呼んでいますが、自分が悪いというぬぐいがたい認知を虐待は植えつけてしまう。

傷が癒えて、ちゃんと勉強もして、学校も行って、外から見たら幸せそうな結婚して、子どもも3人生まれましたけど、私の中にずっと残っているものがあるんですすと話す人がいます。それを聞くことが、私の仕事のひとつの柱になっております。

4　自責感のあらわれ

臨床心理学や心理臨床の世界で、「責任」という言葉はあんまり出てこないんです。だから、「自責感」という言葉もなかった。

『母が重くてたまらない』という本を、2008年に私は書きました。そのあとも途切れずに、「母と娘」についての本を出しつづけています。ネット検索すると、いまでは、母と娘がこじれるのは当たり前と思えるほど多くの本が出版され、「母殺し」というタイトルの本も生まれたりしています。

母と娘の問題は、どこから来ているのか。

家族の繰り広げる日常の虐待性によって、「すべて私の責任だ」と。なかでも、「あの自分を産み育てて、もっとも私のことを知っているはずの母親の不幸は私のせいだ」と。この感覚ですよね。裏返すと、「あの母を幸せにするのが私の人生だ」ということになります。

そして、父と母の関係がうまくいかない。母がいつもため息をついて、暗い顔をして、一度も私に向けた笑顔がない。それも私のせいだと。

最終的には、「自分はどうなってもいい、私の感情なんかどうなってもいい、母を幸せにする。だから母の期待は絶対裏切られない」。母の期待に添うことでしか母を幸せにできない、だからもう死んでもいい。

「そんなの、ちょっと変ですよ」「母のために自分の人生があるっておかしいですよ」と思うかもしれません。考えれば、あたりまえなんです。

だけど、その家族の関係性のなかに身を置いたとき、私はよく「磁場」と言いますけど、磁力が働くように、母の顔を見た瞬間「この人が幸せになるために私は生きているんだ」という磁力が、自分を覆っていくんですね。

よく言いますよね。叔父の葬式に、5年も会わないからもう大丈夫だろうと思って行ったら、母の顔を見た瞬間に磁場に入っちゃうとか。母親もすごいですよ、5年も会わないのに、昨日会ったばっかりのように話をしてくる。そうすると、自分もそれにこたえてしまう。一瞬で磁場に飲み込まれてしまう。

私は「毒親」という言葉は使いませんが、そういう言葉の背後に、自責感があるんじゃないかというふうに思っています。

母の不幸は自分のせいではない

†自傷はサバイバル

言うまでもなく、多くの人たちは、そういう関係のなかをサバイバルして生きていくわけです。そのサバイバルには、いくつもあるんですね。

ひとつは、自傷です。リストカットが一番に浮かびますけど、似たものとしてアームカットもあれば、頸動脈のあたりをバーっと切るみたいのもあるし、肌をたえず爪でむしるみたいのもある。

とにかく、自分の体を自分で傷つける。これが、自責感にとって、ものすごい効果がある。どういうことか。

これはシンプルです。存在してはいけない自分の体を、自分で切るわけです。

ある人は、「リストカットすると3日間はよく眠れる」と言ってました。自分で自分を罰する。そのあいだは生きててもいいかという気がするというわけです。

あとは自責感の波があって、強まるときは衝動的に切りたくなる。リストカットの人はいつも切るための道具を持っていて、どうしても切りたくなると、ダーッとトイレに行って切ったりする。

理由なんかないです、衝動に近い。衝動で自分を切るんだから、けっこう怖いです。

生命危機と紙一重。切ると血が流れますね。皮膚の感覚と、赤い血を見る視覚によって、いまここに感覚が集中するんですよ。

マインドフルネスってわかりますか？　いまここに意識を集中すること。その意味では、最高のマインドフルネスって自傷なんですよ。こんなこと言うと、語弊があるかもしれないけど。

だから、自傷はある意味で、自責感で苦しい人には救い・サバイバルのひとつだというふうに思います。

†アディクション

もうひとつ、生き延びる手立てになるのが、アディクションです。アディクションとトラウマがつながってることは、もうなかば常識ですよね。

たとえば、アルコール、薬、摂食障害。こういうものに依存・嗜癖することで、自責感からフリーになれる。これは、えがたいものだと思います。

アルコール依存症の人がよく「最初の一杯から依存症でした」という表現をします。

「ふつうの人って、こんな楽な思いして生きてるんだ」って。

なんて言うのかな、澱《おり》のようにたまった「こんな自分は生きていちゃいけないんじゃないか」というのが、薄皮を剝がすようになくなる。ほんとうに、そのときは楽になるだろうと思います。

あとは薬、とくにアッパー系の薬である覚醒剤は強烈な覚醒作用によって、日常的な感覚の自責感から解放されることがあります。

†摂食障害

摂食障害はちょっと特別で、過食してるときは食だけに集中できるので、一種の解放感があります。そこに味覚が関係する人もない人もいます。

摂食障害の方に何人もお会いしましたけど、「この人は自分の人生をカロリー計算に置き換えてる」と思ったことがあるんです。見るものすべて、カロリーに見える。

おまけに、いまみんなカロリーが書いてあるじゃないですか。スーパーに行くと、買いものしながら計算して。自分がいま何キロカロリー食べるのかに、人生がぜんぶ集中するんですね。裏返せば、それ以外のことから解放される。

もうひとつ、摂食障害のメリットがあります。この世に存在しちゃいけない、醜い、邪魔者でしかない体を、この私が完全に支配するということです。体重も、自分が思うとおりにコントロールできるっていう満足感がある。

世の中に自分が存在してはいけないこと、これまでの数々の挫折を、カロリーだけに集約できる。なおかつ、許せない身体を、自分で完璧にコントロールできる。こういうものが、摂食障害の背後にあるように思います。

†性的な問題

もうひとつは、性的な問題ですね。よく「セックス依存症」という言葉を使う人がいますけど、私は、女性に関してはすごく疑問がある。これは、性の快楽じゃない。自分がからだを売るときに、必ずちょっと褒められるわけです。ああいう裸の状態になったときにしかできない相手との相互交流がある。しらふの、洋服を着た普通の生活では、一度も味わったことがない。親からも与えてもらったこともない。その快楽があるように思います。

おまけに、お金までくれる。自分に、お金になる価値がある。だから少しだけ自責感が軽減される。それは否定できない。

自責感は、自己免疫系疾患と通じてると思うんですよ。2000年代初めに、朝日カルチャーセンターで虐待の話をしたときに、「信田さん、それって自分で自分の免疫系を破壊してるってことですね」という人が聴衆にいたんですね。この人すごいこと言うなと思ったら、白血病からの回復者でした。

免疫系疾患というのは、自分で自分を攻撃してるわけです。だから、身体の病気じゃないかもしれないけど、生きることの根底で、自責とは自己免疫疾患を生み出してるというふうに思ってもいいかもしれない。

だって、自分で自分を攻撃するわけです。自分のことは自分しか守れないと言われますが、一番自分を守るはずの自分が自分を攻撃しているんですよ。自分を責めない、自分に甘いことが長生きのコツかもしれません。

自責感は
自己免疫系疾患と似ている

†反転する自責感

もうひとつ言っておきたいのは、自責感はしばしば反転するということです。反転とは、攻撃です。攻撃対象が外に行くのは、とても怖いことです。そのときにたぶん「正義という衣」をまとうんですね。正しいのは、私だと。

こういう攻撃はSNS上で満ちあふれていて、炎上もしばしばこれで起きると私は思っています。「すべて自分が悪かったんじゃないか」という思いは、容易にベクトルが変わるんですよ。そのとき、他者攻撃が生まれる。

この人たちは、ずっと自分を責めてきた人だから、正義というものにすごく敏感なんですね。だから、間違ったことを許せない。あなたを責めるのは正義からであるというように、外から見ると、ものすごい攻撃的になったりする。

じつはDVも、正義から起こるんですよ。

目黒の虐待死事件の母親による『結愛へ』（小学館、2020年）という手記を見ても、夫が妻に対して、毎日のように詰問し、責めています。「なぜ、こういうことをしたんだ。約束したじゃないか。なぜ守れないんだ、説明しろ」と。まさに、正義の行使ですよね。

†家族と正義

これは持論ですけど、家族の中に正義を持ちこんではいけないと思います。

モラルハラスメントというのは精神的ＤＶですけど、「間違ってる」と言われたときに、言われた妻は、「夫が間違ってますよね」という言い方をするんですよ。たしかにそうなんだけど、正義による暴力の行使に対して、正義で言い返してはいけない。同じ罠にはまるから。

ひょっとしたら、自分が子どもに対して「間違ってる」という意味の正義の行使をすれば、そのまま虐待にも繋がるかもしれない。

自責感は自己免疫系疾患になりがちですから、外に向かったときにものすごい解放感がある。そして、正義という大義名分に乗っかって、相手が間違ってるとか加害だ２次加害だとか言うと、力を得る感じがして

家族のなかに
正義を持ちこんではいけない

気持ちいい。相手の責任を追及することは被害者にとって必要ですが、あるところからは正義の行使という権力を帯びる可能性があります。

それって、自分で自分にやってることと同じなわけですよ。自分を糾弾してるわけですから。このことを私は「危うさ」と呼んでいますけど、よく考えなければならない点だと思います。

子育てに正義は要らないと言いましたが、では何か子どもに問題が起きたとき、どうすればいいでしょう。

1980年代からよく言われたのが、「育て直し」です。いまでも、精神科を受診するとそう言われることがあるかもしれません。でも、これはだめです。育て直しはできない。

娘に問題が起きたときに、いわゆる再養育療法では、母親にすべてを捨てて娘の育て直しに専念するように言われたものです。30代の娘に添い寝したり、一緒に風呂入ったり。まるで幼児から育て直すような方法を提案されるのです。それで、うまくいった人はいいですよ。だけど、そんな馬鹿なことはないと私は思っている。

父ではなく、母だけが人生を捨てて、娘を育て直す。そこまでして母だけが責任を取ることなのでしょうか。それこそ強いられた自己犠牲です。私は一貫して、そういうことは考えていません。

†あなたは悪くない

あともうひとつ。どの教科書にも、虐待されてる子に対して「あなたは悪くない」と言いなさい、と書いてあります。

どうぞ、勝手に言ってください。

そんなことで、どうにもならないと私は思う。むしろ専門家は、この子は悪くないんだと、自分に言い聞かせるべきです。もちろん「あなたは悪くない」と言われて、そうかと思う方もいるかもしれないけど。

相談に行ったら「あなたは悪くない」と言われて、「へ？」と思った。そういう人に私はたくさん会っています。「この人、教科書読んでるんだ」みたいに思ったそうです。そういう話のほうが多い。

まず、専門家自身がそう思うようにしていただきたい。目の前にいる人は悪くない、そう思うことって、すごく難しいんですよ。とくに心理臨床のトレーニングを受けた人は、目の前の人に問題がないと思えない。だから、この「あなたは悪くない」という言葉は、私たちが、私たち自身に言うことだと思っています。

5　これからの旅へ

では、何が必要なのか。

芹沢理論の話をしましたけど、必要なのは、承認されることだけなのか。何も選ばずに、受身的に、根源的受動性のもとでこの世に生まれてきたことを、親に、もしくは他者に承認されることが大切なのか。

意味はありますよ。カウンセラーに、「そうですよね」と言ってもらい承認されることは、意味があると思う。だけど、それだけでは不十分ですね。

やっぱり、同じ経験をした人がこの世にいることを知る。そして、自分と同じか、自分と似ていると思える人がいる。このほうが重要ではないかなと思います。

そしてもうひとつは、自分の経験が、誰かの役に立つんだと気づくことですね。これは、すごく大きいです。自助グループの意味は、ここに尽きると思う。

アルコール依存症の人たちの自助グループとは70年代からずっとおつきあいがありますが、ゴミ溜めみたいな自分の体験が、グループの仲間の人たちの涙になるんですよ。泣かれると、そのことで、「こんな自分の経験が同じ依存症の仲間の役に立つんだ」と。そうやって、その人は、もう少し生きられる。

†グループの意味

原宿カウンセリングセンターはいくつもグループカウンセリングを実施していますが、自分の経験が他者の助けになる。そんなこと信じられないと思う方もいるかもしれませんが、実際にグループってそうなんですよ。

上岡陽江さんとは80年代の終わりからお友達で、彼女は薬物アルコール依存症・摂食障害の回復者です。彼女の言った言葉に、すごく心打たれたんですよ。

「この世でもっとも悲惨でもっとも残酷な話が、仲間の希望になる」

私は、これに尽きると思った。

ミーティングで自分の経験を話すと、聞いてる人の希望になる。これが、グループの最大の意味じゃないかと思う。個人カウンセリングでは、逆立ちしてもできない。

それから、話したことが否定されないこと、コメントされないこと、評価されないこと、比較されないこと。これが、本当に大きいことです。

自責感の強い人は、比較のなかで生きています。これは私もびっくりしたんだけど、すばらしい業績をあげた人の話題になったとき「私にはそんなことできません」って言われたりする。業績のすばらしさではなく、まず比較から始まるのです。

グループでは、絶対に比較しちゃいけない。言ったことがそのまま、乾いた地面が雨を吸い取るように消えていくというのが、グループの理想です。夜の森でキャンプファイアーを見ながら話す、という比喩をされた方もいます。

ただ、私たちのグループは有料なので、自助グループとはちがいます。その場の安全保障は私の責任なんですね。お金をいただいている代わりに、グループを安全にする責任がある。だから、「そのような言葉よりも別の言葉はありませんか」とか、「このように考えることはできないでしょうか」というふうにコメントすることもあります。安全を維持するために、私は傘をさしているのかもしれません。大きな傘で雨露をしのぐように。

グループは安全でなければいけない。上岡さんの本からいくつか「ミーティングの約束」を引用します。ダルク女性ハウスでは、こういうふうに言ってるんですね。

「長く話さない。みじかく、ひとことずつ」

これはちょっと無理ですけどね。

「「だからこうなった」と説明しなくてもいい。「こうだった、こうなった、こう思った」だけをざっくり話す」

説明しないのは、大事ですよね。自分がどうしてそう思うか、「こうでこうで私は思うんです」って言い方はしない。「おととい私はこういう経験をしました、いま私はこうです」と、ざっくり話すだけでいい。

これも、とても大事だと思う。自責感の強い人やDV被害者の方は、親や夫から説明をずっと求められてきたんですよね。自分の言葉が理解されないんじゃないかという恐怖がある。だから、発言が長い。どう説明したら相手が納得するかばかり考えているから。もちろん、回数を重ねるごとにそうでない話の方法に慣れていきます。

「「いま言葉にならないけど、なんだかイヤだ」という感覚を大切にする」

言葉にならないことを大事にしなさいと。ぜんぶは、言葉に表せないんです。言葉はいつも不足してるし、いつも過剰なんです。ぴったりではない。だから、なんか嫌だとか、なんかつらいとか、そういう感覚を大事にしていくということですね。『生きるための犯罪（みち）』（よりみちパン！セ。増補新版は2024年）という本に書いてありますので、読んでみてください。

†ヴィクティム・ジャーニー

最後になりますけど、このところ、「ヴィクティム・ジャーニー」という言葉を使っています。

私の公認心理師仲間が、緩和ケアの仕事をしてるんですが、がんの治療では「キャンサー・ジャーニー」という言葉を使うんだそうです。がんの診断を受けて、手術なり化学療法をして、検査をして、一連の時間を過ごす。それを聞いたときに、なんていい言葉だろうと思って。

私は、アディクションはジャーニーだと思うんですよ。長い長い旅。これで卒業とか、これで終点がない。それと同じように、被害を受けたひとたち(ヴィクティム)の回復もジャーニーじゃないかと。ACやDV被害者のグループを担当しながら、私は彼女たちのジャーニーのいっときの同伴者、支援者ではないかと思っています。

私の辞書はクライエントの語る言葉

私の辞書は、クライエントのみなさんが語る言葉なんですね。それらの言葉から、気付かされたり考えさせられたりしてきた。

それで、ときどき本を読む。本を書いてる人に申しわけないんだけど、ACだってDVだって、参考になった本はほとんどないです。当事者の話す言葉以上のものはなかった。

だからもし私に能力があるとしたら、当事者の具体的な言葉から何かを感じ取って普遍化し、理論的に説明するということです。アディクション、AC、DV被害者のみなさんから、ほんとうに多くの言葉を学びました。

つい最近、DV被害者のグループで、ある人が夫から別居して3年になるんだけど、「夫と暮らしてるときは、私は毎日忘れるために生きてた」とおっしゃったんですよ。私はズキッときた。毎日まいにち忘れようとして生きてきたんだなと。

そういう言葉がどうして素晴らしいか。グループに参加するひとたちって、「生きるか死ぬか」で生きてる人でしょ。

文学でも、刑務所文学や肺結核文学というものがありますね。明日死ぬかもしれないというときに、人間の言葉は研ぎ澄まされていく。

だから虐待とかDV、性暴力を経験した人は、みなさん何食わぬ顔して生きてるけど、実はかなりのサバイバルなんですよ。そういう人の言葉を、私は聞くことができる。これはほんとうに素晴らしいことだし、それを使って同じような人たちの力になれたら、こんなにうれしいことはありません。

このように、ジャーニーを生きることで、自責感からは少しずつ解放されるしかないのです。これやったら大丈夫というハウツーや方法は偽物だと思う。

ただ、私はトラウマケアだけは評価しています。それは、問題に取り組めるようになる基礎をつくるんですよ。トラウマには、複雑骨折みたいなところがあるんです。複雑骨折すると、歩けない。だから、トラウマケアの意味というのは、これからジャーニーを歩いていくまえに、複雑骨折を治療するみたいなイメージです。

何かをやろうとしたときに過呼吸になったり、突然恐怖が襲ってきたりする。フラッシュバックとは、そういうものです。こういうものが楽になるだけで、どれだけエネルギーが保全されるか。

原宿カウンセリングセンターでも、トラウマケアをとても熱心にやっています。グループのかたわらトラウマケアするということは、「被害者の旅」を歩むためにとても大切だと思っています。

ですから、決して焦らないこと。「これをやれば絶対大丈夫です」といった記事がネット上に溢れていますけど、そういうものにとらわれな

自責感からは少しずつ解放されるしかない

いでほしいと思います。

グループがいいのは、ほかにもあります。楽しいことです。苦しい人が集まってるんだけど、楽しい。カウンセリングも、やっぱり楽しい。

私たちカウンセラーはあんまり楽しいと言っちゃいけない仕事らしいんですけど、苦しんできた人たちが楽になるには、「楽しいこともないとね」と思っています。

あとがき

いまではもう日常用語になった感のある「自己肯定感」という言葉だが、私は激しく忌み嫌っている。聞くたびに拒否感で身体反応が起きるくらいだ。

Aさんはこう言う。

「ほんとにつらくて……いつもいつもどうしてこんなんだろうと自分を責めてしまいます。だから、自己肯定感を上げるにはどうしたらいいか、ヒントが欲しいんです。ほんとうに自己肯定感低すぎなんです。」

Bさんはこう言う。

「ああ、自分を好きになりたい。自分を愛せたら変わるでしょうか」

こんな言葉を聞くたびに、正直全身から力が抜ける気がする。講演などでそう語ると、ショックを受けた顔をして、「どうしてなんですか」と終了後に尋ねる人は珍しくない。

「毎日そう思ってるんです」という人たちには申し訳ないが、そもそも私はそんな「問題の立て方」をしない。そんな問題の立て方では出口がないと思っている。

本書を最後まで読まれた方には、その理由がおわかりになっていただけるだろう。自分で自分を責めることの残酷さと、自己肯定感を上げ下げすることの奇妙さは表裏一体であることを。

問題の立て方は言葉によって決まる。自己肯定感とか自分を好きになるという言葉を使うことで、思考はある方向に誘導されてしまう。

だから私は、カウンセリングで使う言葉を厳しく選ぶ。使用禁止用語もいくつかあるので、自虐的に「言論統制」とさえ呼んでいる。

それらの言葉を使えば、「私しだいで、私を変えれば、自己肯定感を上げれば、自分を愛せるようになれば」という水路にはまってしまうのだ。

自分だけを見て、自分で自分を操作するという水路は、不可能の水路、地獄の水路だ。そんなこと、できないに決まっている。グルグルめぐって、できない自分を責めることに帰結するしかない。

残念ながら、しばしば心理学はそのような水路をつくり、そこに誘導する手伝いをしがちであった。カウンセラーとして私が試みているのは、べつの水路への方向づけである。

本書のもとになっているHCCの「信田さよ子公開講座」も、そのための試みのひとつである。


カウンセリングにおいて、私は「心」に関心を払ったことはない。

生きるための根幹になるはずの感覚を当の親から奪われてきた人たち。よかれと思いながら無神経に子どもから生きる力を奪い続ける親たち、自分のせいであのような被害を受けることになったという自責感で崩れそうな人たち……。

そんな不平等で理不尽な関係を生きてきたクライエントへの敬意と驚嘆が私の基本となっている。そこに「どうしてそんなことができたのか」という関心が加わることで、かろうじてその人たちの言葉を聞く資格があるように思える。

自己肯定感も、自分を好きになることも、そして「心」も、結果として生まれるものではないか。

そのために必要なのは、他者である。自分を助けようとする他者だけではない。自分に似た経験をした他者、類似した他者の存在こそ必要なのではないか。

そのような思いで、さまざまなテーマについて語ってきたセミナーが、このように一冊の本になることを心からうれしく思っている。

「信田さんは、書いたものより語りのほうがずっとおもしろい」と言われることが多いので、できるだけ生の言葉を残すようにしたが、一部整合性を持たせるために加筆したところもあることをお断りしておく。

本セミナーでこれまでもっとも参加者が多かったのが、自分を責めることをテーマにした回だった。それがそのまま本書のタイトルになっている。


セミナーを一冊の本にするという提案から刊行まで、一貫してお世話になったのは筑摩書房の編集者・柴山浩紀さんである。

また原宿カウンセリングセンター主任の中野葉子には、セミナーの企画から実施まで毎回支え続けてもらっている。

最後に、オンラインセミナーの多くの視聴者のみなさまがいなければ本書は誕生しなかっただろう。

ここに心からのお礼を伝えたい。ありがとうございました。

２０２５年１月末日　信田さよ子

は行

ま行

や行

ら・わ行

ABC

さ行

た・な行

〈索引〉

あ行

か行

ちくま新書
1845

なぜ人《ひと》は自分《じぶん》を責《せ》めてしまうのか

二〇二五年三月一〇日　第一刷発行
二〇二五年四月二五日　第四刷発行

著　者　信田さよ子（のぶた・さよこ）

発行者　増田健史
発行所　株式会社 筑摩書房
東京都台東区蔵前二-五-三　郵便番号一一一-八七五五
電話番号〇三-五六八七-二六〇一（代表）
装幀者　間村俊一
印刷・製本　株式会社 精興社

ISBN978-4-480-07674-8 C0211

ちくま新書

1352
情報生産者になる
上野千鶴子
問いの立て方、データ収集、分析、アウトプットまで、新たな知を生産し発信するための方法を全部詰め込んだ一冊。学生はもちろん、すべての学びたい人たちへ。

1617
情報生産者になってみた
——上野千鶴子に極意を学ぶ
上野ゼミ
卒業生チーム
かつて志望者ゼロだったこともある〝最恐のゼミ〟で、卒業生たちは何を学び、どう活かしてきたのか。上野千鶴子『情報生産者になる』の必携副読本。

1686
聞く技術　聞いてもらう技術
東畑開人
「聞かれることで、ひとは変わる」。人気カウンセラーが教える、コミュニケーションの基本にして奥義。読んですぐに実践できる、革新的な一冊。

1684
アスリート盗撮
共同通信運動部編
「スポーツ界が、声を上げた」。長年問題視されながら、有効な対策の打てなかったアスリートの盗撮。社会を動かした調査報道「性的画像問題」が、この一冊に。

1677
日本の中絶
塚原久美
10人にひとりが経験者といわれる中絶。経口中絶薬の承認から配偶者同意要件まで、中絶問題の研究家が、日本における中絶の問題点と展望を示す。

1650
辺野古入門
熊本博之
なぜ、ここに新しい基地が——？　20年にわたるフィールドワークをもとに、社会学者が、辺野古の歴史と現在を描き出す。親愛にみちた、沖縄入門。

1667
子どもに学ぶ言葉の認知科学
広瀬友紀
ヘンテコな答えや言葉遣いには、ちゃんと意味がある。子どもの、あるいは人間一般の心の働き、認知のしくみ、言葉の法則や性質について、楽しく学べる一冊。